ワンコイン問題集シリーズ

# 小5漢字問題集

日栄社

# 刊行にあたって

「バブル崩壊」という経済的な事件が、日本で一九九〇年近辺に起こりました。一九四五年に第二次世界大戦に敗戦した日本は、戦後の復興から、約半世紀にわたる経済成長をとげましたが、「バブル崩壊」は「高度経済成長」から続いていた日本の右肩上がりの時代の終わりを告げるものでした。

それ以降、日本では「失われた三十年」とも言われる沈滞の時代が続いています。「一億総中流」と呼ばれ、がんばれば誰もが豊かになれると信じられた社会から、貧困率が上昇し続ける「格差社会」へと、日本の社会は姿を変えつつあります。子どもたちの生活においても、「7人に1人」が貧困であると言われています。

貧困は子どもたちから教育の機会を奪います。子どもが成長して親になったときに、教育の不足ゆえに低い収入で働き続けることを受け入れざるを得なかったとすれば、その次の世代の子どもも、また貧困に苦しみ、十分な教育から遠ざけられかねません。これは「貧困の連鎖」「格差の連鎖」と呼ばれています。

また、教育の不足で十分な収入が得られないために、不本意ながら結婚や出産をあきらめる人たちもいることでしょう。青壮年の貧困は「少子化」の大きな原因のひとつともなっています。

こういった悪循環は、日本の現在の大人である私たちが作りだしたものであり、子どもたちには何の責任もありません。この悪循環を止めるにはいろいろな方法があろうかと思いますが、「高齢化」が進行し、福祉にますます財源が必要になる中でも、貧しさが原因で子どもが学びをあきらめるような社会をつくってはならないと、私たちは考えています。

『ワンコイン参考書・問題集（税別500円）／ツーコイン電子参考書・電子問題集（税別200円）』は、未来を担う日本の子どもたちが安くても良質な参考書・問題集を手に取れるようにとの思いで刊行しました。この理念に賛同してくれた著者の先生や、制作会社、印刷会社の人たちのおかげで、このシリーズを刊行することができました。

子どもたちよ、どうか「学びを、あきらめない」でください。このシリーズが子どもたちの役に立つことを祈っています。

二〇二三年一〇月二七日　日栄社編集部

# もくじ

## 小5漢字問題集

# 第1章

# 小学校5年で習う漢字

圧囲移因永営衛易益液演

応往桜可仮価河過快解格

確額刊幹慣眼紀基寄規喜

技義逆久旧救居許境均禁

句型経潔件険検限現減故

個護効厚耕航鉱構興講告

混査再災妻採際在財罪殺

雑酸賛士支史志枝師資飼

示似識質舎謝授修述術準

序招証象賞条状常情織職
制性政勢精製税責績接設
絶祖素総造像増則測属率
損貸態団断築貯張停提程
適統堂銅導得毒独任燃能
破犯判版比肥非費備評貧
布婦武復複仏粉編弁保墓
報豊防貿暴脈務夢迷綿輸
余容略留領歴

（193字）

# 第2章

# 小5の漢字を覚えよう

## 1 イ《にんべん》人《ひとやね》のつく漢字 その①

### 覚えよう

**仮**

6画

音 カ・(ケ)

訓 かり

1 仮 2 仮 3 仮 4 仮 5 仮 6 仮

**価**

8画

音 カ

訓 (あたい)

1 価 2 価 3 価 4 価 5 価 6 価 7 価 8 価

**件**

6画

音 ケン

訓 ―

1 件 2 件 3 件 4 件 5 件 6 件

**個**

10画

音 コ

訓 ―

1 個 2 個 3 個 4 個 5 個 6 個 7 個 8 個 9 個 10 個

**似**

7画

音 (ジ)

訓 に/る

1 似 2 似 3 似 4 似 5 似 6 似 7 似

仮 価 件 個 似

# 2 イ《にんべん》 人《ひとやね》 のつく漢字 その① 解いてみよう（読み）

⬇解答は次ページを参照

【　月　日／　点（1問5点・100点満点）】

●次の――線を引いた漢字の読み方を書いてください。

① 漢字がない世界を仮定する
② メタバースは仮想空間だ
③ 正義の仮面
④ 仮の暮らしから抜け出したい
⑤ お手ごろな価格
⑥ 自分で自分を評価する
⑦ 商品の原価が気になる
⑧ 高価ではないが大好きな服
⑨ きびしい条件をクリアする
⑩ 何のご用件ですか
⑪ 適正な人件費
⑫ 家や土地を不動産物件と呼ぶ
⑬ 個人プレーとチームワーク
⑭ 長所も短所も自分の個性だ
⑮ 商品の個数を数える
⑯ 同じ種でも個体差はある
⑰ 富士には月見草がよく似合う
⑱ 本物に似せたニセ物
⑲ 好きな人の似顔絵を描いた
⑳ 他人の空似

# 3 イ《にんべん》人《ひとやね》のつく漢字 その①

## 解いてみよう（書き）

↓解答は前ページを参照

［　月　日／　点（1問5点・100点満点）］

● 読みがなに合う漢字（と送りがな）を書いてください。

① 漢字がない世界を〔かてい〕する

② メタバースは〔かそう〕空間だ

③ 正義の〔かめん〕

④ 〔かり〕の暮らしから抜け出したい

⑤ お手ごろな〔かかく〕

⑥ 自分で自分を〔ひょうか〕する

⑦ 商品の〔げんか〕が気になる

⑧ 〔こうか〕ではないが大好きな服

⑨ きびしい〔じょうけん〕をクリアする

⑩ 何のご〔ようけん〕ですか

⑪ 適正な〔じんけんひ〕

⑫ 家や土地を不動産〔ぶっけん〕と呼ぶ

⑬ 〔こじん〕プレーとチームワーク

⑭ 長所も短所も自分の〔こせい〕だ

⑮ 商品の〔こすう〕を数える

⑯ 同じ種でも〔こたいさ〕はある

⑰ 富士には月見草がよく〔にあう〕

⑱ 本物に〔にせた〕ニセ物

⑲ 好きな人の〔にがおえ〕を描いた

⑳ 他人の〔そらに〕

# 4 イ《にんべん》 人《ひとやね》 のつく漢字 その②

## 覚えよう

**修**
10画
音 シュウ・（シュ）
訓 おさ／める・おさ／まる

**像**
14画
音 ゾウ
訓 ―

**停**
11画
音 テイ
訓 ―

**任**
6画
音 ニン
訓 まか／せる・まか／す

**備**
12画
音 ビ
訓 そな／える・そな／わる

# 5 イ《にんべん》人《ひとやね》のつく漢字 その②

## 解いてみよう（読み）

⬇解答は次ページを参照

［　月　日／　点（1問5点・100点満点）］

● 次の――線を引いた漢字の読み方を書いてください。

① 捨てるより修理したい（　　）
② 来年は修学旅行がある（　　）
③ 新人の研修生（　　）
④ 医学を修めた野口英世（　　）
⑤ 想像力が未来をつくる（　　）
⑥ 画像ファイルを保存する（　　）
⑦ 貴《き》重な映像（　　）
⑧ ゴッホの自画像（　　）
⑨ 赤信号で停止する（　　）
⑩ バスの停留所（　　）

⑪ タクシーが停車した（　　）
⑫ 停電してもあわてない（　　）
⑬ しっかりと責任を果たす（　　）
⑭ やりがいのある任務（　　）
⑮ 人任せばかりではよくない（　　）
⑯ 任せると決めたら信じよう（　　）
⑰ 念入りに準備する（　　）
⑱ 設備が整ったホテル（　　）
⑲ 災害に無防備ではいけない（　　）
⑳ 備えあれば憂《うれ》いなし（　　）

# 6 亻《にんべん》 人《ひとやね》 のつく漢字 その②

## 解いてみよう（書き）

➡解答は前ページを参照

〔　月　日／　点（1問5点・100点満点）〕

●読みがなに合う漢字（と送りがな）を書いてください。

① 捨てるより〔しゅうり〕したい

② 来年は〔しゅうがくりょこう〕がある

③ 新人の〔けんしゅうせい〕

④ 医学を〔おさめた〕野口英世

⑤ 〔そうぞうりょく〕が未来をつくる

⑥ 〔がぞう〕ファイルを保存する

⑦ 貴《き》重な〔えいぞう〕

⑧ ゴッホの〔じがぞう〕

⑨ 赤信号で〔ていし〕する

⑩ バスの〔ていりゅうじょ〕

⑪ タクシーが〔ていしゃ〕した

⑫ 〔ていでん〕してもあわてない

⑬ しっかりと〔せきにん〕を果たす

⑭ やりがいのある〔にんむ〕

⑮ 〔ひとまかせ〕ばかりではよくない

⑯ 〔まかせる〕と決めたら信じよう

⑰ 念入りに〔じゅんび〕する

⑱ 〔せつび〕が整ったホテル

⑲ 災害に〔むぼうび〕ではいけない

⑳ 〔そなえ〕あれば憂《うれ》いなし

# 7 亻《にんべん》 人《ひとやね》 のつく漢字 その③

## 覚えよう

### 仏

音 ブツ
訓 ほとけ
4画

1 仏 2 仏 3 仏 4 仏

仏

### 保

音 ホ
訓 たも／つ
9画

1 保 2 保 3 保 4 保 5 保 6 保 7 保 8 保 9 保

保

### 舎

音 シャ
訓 ―
8画

1 舎 2 舎 3 舎 4 舎 5 舎 6 舎 7 舎 8 舎

舎

### 余

音 ヨ
訓 あま／る・あま／す
7画

1 余 2 余 3 余 4 余 5 余 6 余 7 余

余

※「舎」の部首は、「舌（した）」と示される場合もあります。

# 8 イ《にんべん》 人《ひとやね》のつく漢字 その③

## 解いてみよう（読み）

↓解答は次ページを参照

［　　月　　日／　　点（1問5点・100点満点）］

●次の――線を引いた漢字の読み方を書いてください。

① 仏教はインドで生まれた
② 752年完成の奈良の大仏
③ 馬の耳に念仏
④ 国宝の仏像
⑤ 仏の顔も三度まで
⑥ 保育所の不足を解消する
⑦ 自然を保護する
⑧ 保健室で体温を測る
⑨ 十分な時間を確保した
⑩ 事故に備えて保険に入る
⑪ 健康を保つために運動する
⑫ 校舎の中では走らない
⑬ 古くて味わいのある駅舎
⑭ 羊の群れが牧舎に帰る
⑮ 公務員になって官舎に住む
⑯ 余分なものは買わない
⑰ 余計なことは言わない
⑱ 余談になります
⑲ 余り物には福がある
⑳ あの人のわがままは目に余る

# 9 イ《にんべん》 人《ひとやね》のつく漢字 その③

# 解いてみよう（書き）

↓解答は前ページを参照

〔　月　日／　点（1問5点・100点満点）〕

● 読みがなに合う漢字（と送りがな）を書いてください。

① 〔　　〕《ぶっきょう》はインドで生まれた

② 752年完成の奈良の〔　　〕《だいぶつ》

③ 馬の耳に〔　　〕《ねんぶつ》

④ 国宝の〔　　〕《ぶつぞう》

⑤ 〔　　〕《ほとけ》の顔も三度まで

⑥ 〔　　〕《ほいくしょ》の不足を解消する

⑦ 自然を〔　　〕《ほご》する

⑧ 〔　　〕《ほけんしつ》で体温を測る

⑨ 十分な時間を〔　　〕《かくほ》した

⑩ 事故に備えて〔　　〕《ほけん》に入る

⑪ 健康を〔　　〕《たもつ》ために運動する

⑫ 〔　　〕《こうしゃ》の中では走らない

⑬ 古くて味わいのある〔　　〕《えきしゃ》

⑭ 羊の群れが〔　　〕《ぼくしゃ》に帰る

⑮ 公務員になって〔　　〕《かんしゃ》に住む

⑯ 〔　　〕《よぶん》なものは買わない

⑰ 〔　　〕《よけい》なことは言わない

⑱ 〔　　〕《よだん》になります

⑲ 〔　　〕《あまり》物には福がある

⑳ あの人のわがままは目に〔　　〕《あまる》

# 10 冂《どうがまえ》カ《ちから》寸《すん》のつく漢字

## 覚えよう

**再**
音 サイ・サ
訓 ふたた／び
6画

**効**
音 コウ
訓 き／く
8画

**勢**
音 セイ
訓 いきお／い
13画

**務**
音 ム
訓 つと／める・つと／まる
11画

**導**
音 ドウ
訓 みちび／く
15画

# 11 冂《どうがまえ》力《ちから》寸《すん》のつく漢字

## 解いてみよう（読み）

↓解答は次ページを参照

［　月　日／　点（1問5点・100点満点）］

● 次の——線を引いた漢字の読み方を書いてください。

① こわれた城を再建する（　　）
② タコの足は切れても再生する（　　）
③ 再来年には中学生だ（　　）
④ 過《あやま》ちは再び繰《く》り返しません（　　）
⑤ 練習の効果が出てきた（　　）
⑥ 効率のいい勉強方法（　　）
⑦ この投票は有効です（　　）
⑧ この薬はよく効く（　　）
⑨ 台風の勢力が落ちてきた（　　）
⑩ 良い姿勢は健康にも良い（　　）
⑪ 多勢に無勢（　　）
⑫ 勉強に勢いがついてきた（　　）
⑬ 会社の業務に就《つ》く（　　）
⑭ 事務の仕事に追われる（　　）
⑮ 公平で公正な公務員（　　）
⑯ リーダーを務める（　　）
⑰ 導火線に火を着ける（　　）
⑱ 先生の指導を受ける（　　）
⑲ 半導体は多くの製品に必要だ（　　）
⑳ 努力は人間を成功に導く（　　）

# 12 冂《どうがまえ》 力《ちから》 寸《すん》 のつく漢字

## 解いてみよう（書き）

➡解答は前ページを参照

［　月　日／　点（1問5点・100点満点）］

●読みがなに合う漢字（と送りがな）を書いてください。

① こわれた城を〔さいけん〕する
② タコの足は切れても〔さいせい〕する
③ 〔さらいねん〕には中学生だ
④ 過《あやま》ちは〔ふたたび〕繰《く》り返しません
⑤ 練習の〔こうか〕が出てきた
⑥ 〔こうりつ〕のいい勉強方法
⑦ この投票は〔ゆうこう〕です
⑧ この薬はよく〔きく〕
⑨ 台風の〔せいりょく〕が落ちてきた
⑩ 良い〔しせい〕は健康にも良い

⑪ 〔たぜい〕に無勢
⑫ 勉強に〔いきおい〕がついてきた
⑬ 会社の〔ぎょうむ〕に就《つ》く
⑭ 〔じむ〕の仕事に追われる
⑮ 公平で公正な〔こうむいん〕
⑯ リーダーを〔つとめる〕
⑰ 〔どうかせん〕に火を着ける
⑱ 先生の〔しどう〕を受ける
⑲ 〔はんどうたい〕は多くの製品に必要だ
⑳ 努力は人間を成功に〔みちびく〕

## 13 リ《りっとう》のつく漢字 覚えよう

### 刊
音 カン
訓 ―
5画
1 2 3 4 5 刊

### 制
音 セイ
訓 ―
8画
1 2 3 4 5 6 7 8 制

### 則
音 ソク
訓 ―
9画
1 2 3 4 5 6 7 8 9 則

### 判
音 ハン・バン
訓 ―
7画
1 2 3 4 5 6 7 判

## 14 リ《りっとう》のつく漢字

## 解いてみよう（読み）

↓解答は次ページを参照

【　月　日／　点（1問5点・100点満点）】

●次の――線を引いた漢字の読み方を書いてください。

①安価な問題集が刊行された〔　　〕

②新聞の朝刊に目を通す〔　　〕

③文庫本の新刊〔　　〕

④月刊のまん画の本〔　　〕

⑤増刊号が出たので買いに行く〔　　〕

⑥強制せずに自主性に任せる〔　　〕

⑦制限速度を守って運転する〔　　〕

⑧中学校の制服を着てみたい〔　　〕

⑨選挙制度を改める〔　　〕

⑩マラソン大会での交通規制〔　　〕

⑪万《ばん》有引力の法則〔　　〕

⑫多数決の原則〔　　〕

⑬中学校には校則がある〔　　〕

⑭反則に対するペナルティー〔　　〕

⑮規則を守って参加する〔　　〕

⑯自分で判断する力をつける〔　　〕

⑰大判小判がざくざく出てきた〔　　〕

⑱評判を気にしすぎない〔　　〕

⑲無罪の判決が下された〔　　〕

⑳判で押《お》したように同じ答えだ〔　　〕

## 15 刂《りっとう》のつく漢字

## 解いてみよう（書き）

⬇解答は前ページを参照

〔　月　日／　点（1問5点・100点満点）〕

●読みがなに合う漢字（と送りがな）を書いてください。

①安価な問題集が〔かんこう〕された

②新聞の〔ちょうかん〕に目を通す

③文庫本の〔しんかん〕

④〔げっかん〕のまん画の本

⑤〔ぞうかんごう〕が出たので買いに行く

⑥〔きょうせい〕せずに自主性に任せる

⑦〔せいげん〕速度を守って運転する

⑧中学校の〔せいふく〕を着てみたい

⑨選挙〔せいど〕を改める

⑩マラソン大会での交通〔きせい〕

⑪万《ばん》有引力の〔ほうそく〕

⑫多数決の〔げんそく〕

⑬中学校には〔こうそく〕がある

⑭〔はんそく〕に対するペナルティー

⑮〔きそく〕を守って参加する

⑯自分で〔はんだん〕する力をつける

⑰〔おおばんこばん〕がざくざく出てきた

⑱〔ひょうばん〕を気にしすぎない

⑲無罪の〔はんけつ〕が下された

⑳〔はん〕で押《お》したように同じ答えだ

# 16 厂《がんだれ》尸《かばね》广《まだれ》のつく漢字

## 覚えよう

### 厚

音 （コウ）
訓 あつ／い
9画

1 厚 2 厚 3 厚 4 厚 5 厚 6 厚 7 厚 8 厚 9 厚

厚

### 居

音 キョ
訓 い／る
8画

1 居 2 居 3 居 4 居 5 居 6 居 7 居 8 居

居

### 属

音 ゾク
訓 —
12画

1 属 2 属 3 属 4 属 5 6 属 7 属 8 9 属 10 属 11 12 属

属

### 序

音 ジョ
訓 —
7画

1 序 2 序 3 序 4 序 5 序 6 序 7 序

序

# 17 厂《がんだれ》尸《かばね》广《まだれ》のつく漢字

## 解いてみよう（読み）

↓解答は次ページを参照

［　月　日／　点（1問5点・100点満点）］

● 次の——線を引いた漢字の読み方を書いてください。

① 寒くなったので厚着をする
② 厚手の生地の服を買う
③ 一生続く厚い友情
④ 手厚いサポートを受けた
⑤ 居住移転の自由
⑥ 住居を変更する
⑦ 引っこし先の新居を見てきた
⑧ ただ、居るだけでいいんだ
⑨ 居間でテレビを見る
⑩ 居留守を使ったのがバレた
⑪ 強い国の属国にはならない
⑫ 魔《ま》法学校に所属する
⑬ 直属の上司からの指示
⑭ 水銀は液体だが金属だ
⑮ 付属品を取り付ける
⑯ 新人がチームに配属された
⑰ あの人の序列はナンバー2だ
⑱ 順序を守って入場する
⑲ 本の序文は意外におもしろい
⑳ 冬の寒さはほんの序の口だ

# 18 厂《がんだれ》尸《かばね》广《まだれ》のつく漢字

## 解いてみよう（書き）

↓解答は前ページを参照

〔　月　日／　点（1問5点・100点満点）〕

● 読みがなに合う漢字（と送りがな）を書いてください。

① 寒くなったので〔あつぎ〕をする
② 〔あつで〕の生地の服を買う
③ 一生続く〔あつい〕友情
④ 〔てあつい〕サポートを受けた
⑤ 〔きょじゅう〕移転の自由
⑥ 〔じゅうきょ〕を変更する
⑦ 引っこし先の〔しんきょ〕を見てきた
⑧ ただ、〔いる〕だけでいいんだ
⑨ 〔いま〕でテレビを見る
⑩ 〔いるす〕を使ったのがバレた
⑪ 強い国の〔ぞっこく〕にはならない
⑫ 魔《ま》法学校に〔しょぞく〕する
⑬ 〔ちょくぞく〕の上司からの指示
⑭ 水銀は液体だが〔きんぞく〕だ
⑮ 〔ふぞくひん〕を取り付ける
⑯ 新人がチームに〔はいぞく〕された
⑰ あの人の〔じょれつ〕はナンバー2だ
⑱ 〔じゅんじょ〕を守って入場する
⑲ 本の〔じょぶん〕は意外におもしろい
⑳ 冬の寒さはほんの〔じょのくち〕だ

# 19 扌《てへん》 亻《ぎょうにんべん》 のつく漢字 その①

## 覚えよう

### 技
音 ギ　訓 （わざ）
7画
1 技 2 技 3 技 4 技 5 技 6 技 7 技
技

### 採
音 サイ　訓 と／る
11画
1 2 採 3 採 4 採 5 採 6 採 7 採 8 採 9 採 10 11 採
採

### 授
音 ジュ　訓 （さず／ける）・（さず／かる）
11画
1~3 授 4 授 5 授 6 授 7 授 8 授 9 授 10 授 11 授
授

### 招
音 ショウ　訓 まね／く
8画
1 招 2 招 3 招 4 招 5 招 6 招 7 招 8 招
招

### 接
音 セツ　訓 （つ／ぐ）
11画
1~3 接 4 接 5 接 6 接 7 接 8 接 9 接 10 接 11 接
接

# 20 扌《てへん》 彳《ぎょうにんべん》 のつく漢字 その①

## 解いてみよう（読み）

↓解答は次ページを参照　【　月　日／　点（1問5点・100点満点）】

●次の——線を引いた漢字の読み方を書いてください。

①陸上競技の大会

②伝統の技術を学ぶ

③けん玉が兄の特技だ

④演技のうまい役者

⑤病院で採血をした

⑥国会で法律《りつ》が採決された

⑦がんばる人を採用したい

⑧山できのこを採る

⑨母は大学の教授です

⑩必殺技を伝授しよう

⑪好きな授業は国語です

⑫作文が金賞を授賞した

⑬パーティーに招待された

⑭会議の招集通知が来た

⑮笑顔は幸せを招く

⑯招きねこを買った

⑰自分の気持ちを直接伝えた

⑱大接戦のゲーム

⑲接近しすぎてドキドキする

⑳インターネットに接続する

# 21 扌《てへん》 亻《ぎょうにんべん》 のつく漢字 その①

## 解いてみよう（書き）

↓解答は前ページを参照

〔　月　日／　点（1問5点・100点満点）〕

●読みがなに合う漢字（と送りがな）を書いてください。

① 陸上〔きょうぎ〕の大会
② 伝統の〔ぎじゅつ〕を学ぶ
③ けん玉が兄の〔とくぎ〕だ
④ 〔えんぎ〕のうまい役者
⑤ 病院で〔さいけつ〕をした
⑥ 国会で法律《りつ》が〔さいけつ〕された
⑦ がんばる人を〔さいよう〕したい
⑧ 山できのこを〔とる〕
⑨ 母は大学の〔きょうじゅ〕です
⑩ 必殺技を〔でんじゅ〕しよう

⑪ 好きな〔じゅぎょう〕は国語です
⑫ 作文が金賞を〔じゅしょう〕した
⑬ パーティーに〔しょうたい〕された
⑭ 会議の〔しょうしゅう〕通知が来た
⑮ 笑顔は幸せを〔まねく〕
⑯ 〔まねき〕ねこを買った
⑰ 自分の気持ちを〔ちょくせつ〕伝えた
⑱ 〔だいせっせん〕のゲーム
⑲ 〔せっきん〕しすぎてドキドキする
⑳ インターネットに〔せつぞく〕する

# 22 扌《てへん》 彳《ぎょうにんべん》のつく漢字 その②

## 覚えよう

**損**
13画
音 ソン
訓 (そこ/なう)・(そこ/ねる)
1~3 損 4~6 損 7 損 8 損 9 損 10 損 11 損 12 損 13 損
損

**提**
12画
音 テイ
訓 (さ/げる)
1~3 提 4 提 5 提 6 7 提 8 提 9 提 10 提 11 提 12 提
提

**往**
8画
音 オウ
訓 ―
1 往 2 往 3 往 4 往 5 往 6 往 7 往 8 往
往

**得**
11画
音 トク
訓 え/る・(う/る)
1 2 得 3 得 4 5 得 6 得 7 得 8 得 9 得 10 得 11 得
得

**復**
12画
音 フク
訓 ―
1~3 復 4 復 5 復 6 7 復 8 復 9 復 10 復 11 復 12 復
復

# 23 扌《てへん》彳《ぎょうにんべん》のつく漢字 その②

## 解いてみよう（読み）

↓解答は次ページを参照

【　月　日／　点（1問5点・100点満点）】

●次の——線を引いた漢字の読み方を書いてください。

① 損して得取れ　〔　〕
② 台風による損害　〔　〕
③ 損失を最小限にしよう　〔　〕
④ 破損した部品　〔　〕
⑤ 正義は損得ではない　〔　〕
⑥ 宿題を提出する　〔　〕
⑦ いい提案をしてもらった　〔　〕
⑧ 安全にやるのが大前提だ　〔　〕
⑨ 往復キップは少しお得です　〔　〕
⑩ 往年の大スター　〔　〕

⑪ 車の往来が多い　〔　〕
⑫ あわてて右往左往する　〔　〕
⑬ 漢字が得意になった　〔　〕
⑭ サッカーの得点が入った　〔　〕
⑮ 自業《ごう》自得の失敗　〔　〕
⑯ 水を得た魚　〔　〕
⑰ 予習も復習も大切だ　〔　〕
⑱ 体力が回復する　〔　〕
⑲ ゾンビが復活する話　〔　〕
⑳ チームに復帰した　〔　〕

# 24 扌《てへん》 亻《ぎょうにんべん》 のつく漢字 その②

## 解いてみよう（書き）

↓解答は前ページを参照

〔　月　日／　点（1問5点・100点満点）〕

● 読みがなに合う漢字（と送りがな）を書いてください。

① 〔そん〕して得取れ
② 台風による〔そんがい〕
③ 〔そんしつ〕を最小限にしよう
④ 〔はそん〕した部品
⑤ 正義は〔そんとく〕ではない
⑥ 宿題を〔ていしゅつ〕する
⑦ いい〔ていあん〕をしてもらった
⑧ 安全にやるのが大〔ぜんてい〕だ
⑨ 〔おうふく〕キップは少しお得です
⑩ 〔おうねん〕の大スター

⑪ 車の〔おうらい〕が多い
⑫ あわてて〔うおうさおう〕する
⑬ 漢字が〔とくい〕になった
⑭ サッカーの〔とくてん〕が入った
⑮ 自業《ごう》〔じとく〕の失敗
⑯ 水を〔えた〕魚
⑰ 予習も〔ふくしゅう〕も大切だ
⑱ 体力が〔かいふく〕する
⑲ ゾンビが〔ふっかつ〕する話
⑳ チームに〔ふっき〕した

# 25 水《みず》・氵《さんずい》のつく漢字 その①

## 覚えよう

**永**

音 エイ　訓 なが／い

5画

1 永 2 永 3 永 4 永 5 永

永

**液**

音 エキ　訓 ―

11画

1~3 液 4 液 5 液 6 液 7 液 8 液 9 液 10 液 11 液

液

**演**

音 エン　訓 ―

14画

1~3 4~6 演 7 演 8 演 9 演 10 演 11 演 12 演 13 14 演

演

**河**

音 カ　訓 かわ

8画

1 河 2 河 3 河 4 河 5 河 6 河 7 河 8 河

河

**潔**

音 ケツ　訓 （いさぎよ／い）

15画

1~3 潔 4 潔 5 潔 6 7 潔 8 9 潔 10 11 潔 12 潔 13 潔 14 15 潔

潔

# 26 水《みず》・氵《さんずい》のつく漢字 その①

## 解いてみよう（読み）

↓解答は次ページを参照

［　月　日／　点（1問5点・100点満点）］

●次の――線を引いた漢字の読み方を書いてください。

① 永遠の愛をちかう〔　　〕
② スイスは永世中立国だ〔　　〕
③ シベリアの永久凍《とう》土〔　　〕
④ 末永いお付き合い〔　　〕
⑤ 固体・液体・気体〔　　〕
⑥ 液化天然ガス〔　　〕
⑦ 血液型占《うらな》いは迷信だ〔　　〕
⑧ 液状のソースをかける〔　　〕
⑨ ドラマに出演する〔　　〕
⑩ 演説のうまい政治家〔　　〕

⑪ 開演時間は三時だ〔　　〕
⑫ スケートの演技を見る〔　　〕
⑬ 銀河には多くの星がある〔　　〕
⑭ 河口の近くにいる魚〔　　〕
⑮ 氷河がとけ始めている〔　　〕
⑯ 大きな河の流れ〔　　〕
⑰ 潔白であると主張する〔　　〕
⑱ 清潔な衣服を着る〔　　〕
⑲ 不潔な手を消毒する〔　　〕
⑳ 高潔な性格〔　　〕

## 27 水《みず》・氵《さんずい》のつく漢字 その①

## 解いてみよう（書き）

⬇解答は前ページを参照

［　月　日／　点（1問5点・100点満点）］

●読みがなに合う漢字（と送りがな）を書いてください。

① 〔えいえん〕の愛をちかう

② スイスは〔えいせい〕中立国だ

③ シベリアの〔えいきゅう〕凍《とう》土

④ 〔すえながい〕お付き合い

⑤ 固体・〔えきたい〕・気体

⑥ 〔えきか〕天然ガス

⑦ 〔けつえきがた〕占《うらな》いは迷信だ

⑧ 〔えきじょう〕のソースをかける

⑨ ドラマに〔しゅつえん〕する

⑩ 〔えんぜつ〕のうまい政治家

⑪ 〔かいえん〕時間は三時だ

⑫ スケートの〔えんぎ〕を見る

⑬ 〔ぎんが〕には多くの星がある

⑭ 〔かこう〕の近くにいる魚

⑮ 〔ひょうが〕がとけ始めている

⑯ 大きな〔かわ〕の流れ

⑰ 〔けっぱく〕であると主張する

⑱ 〔せいけつ〕な衣服を着る

⑲ 〔ふけつ〕な手を消毒する

⑳ 〔こうけつ〕な性格

# 28 水《みず》・氵《さんずい》のつく漢字 その②

## 覚えよう

**減**
音 ゲン
訓 へ/る・へ/らす
12画
1~3 減 4 減 5 減 6 減 7・8 減 9 減 10 減 11 減 12 減
減

**混**
音 コン
訓 ま/じる・ま/ざる・ま/ぜる・こ/む
11画
1~3 混 4 混 5 混 6 混 7 混 8 混 9 混 10 混 11 混
混

**準**
音 ジュン
訓 ―
13画
1~3 準 4 準 5 準 6 準 7 準 8 準 9~11 準 12 準 13 準
準

**測**
音 ソク
訓 はか/る
12画
1~3 測 4 測 5 測 6 測 7・8 測 9 測 10 測 11 測 12 測
測

# 29 水《みず》・氵《さんずい》のつく漢字 その② 解いてみよう（読み）

↓解答は次ページを参照

【　月　日／　　点（1問5点・100点満点）】

● 次の——線を引いた漢字の読み方を書いてください。

①人口が減少する日本

②ちょうどいい湯加減

③体重の増減

④おなかが減った

⑤あの子は口が減らない

⑥朝は道路が混雑する

⑦酒に水が混入した

⑧男女混合のチーム

⑨黄色と青を混ぜると緑になる

⑩電車が混む時間帯

⑪基準を決める

⑫ものごとは準備が大事

⑬準決勝の試合

⑭生活水準が上がる

⑮標準語と方言

⑯未来を予測する

⑰今日は体重測定がある

⑱天体観測をする

⑲かかる時間を計測する

⑳川の深さを測る

# 30 水《みず》・氵《さんずい》 のつく漢字 その②

# 解いてみよう（書き）

↓解答は前ページを参照

〔　月　日／　点（1問5点・100点満点）〕

● 読みがなに合う漢字（と送りがな）を書いてください。

① 人口が〔げんしょう〕する日本
② ちょうどいい〔ゆかげん〕
③ 体重の〔ぞうげん〕
④ おなかが〔へった〕
⑤ あの子は口が〔へらない〕
⑥ 朝は道路が〔こんざつ〕する
⑦ 酒に水が〔こんにゅう〕した
⑧ 男女〔こんごう〕のチーム
⑨ 黄色と青を〔まぜる〕と緑になる
⑩ 電車が〔こむ〕時間帯

⑪ 〔きじゅん〕を決める
⑫ ものごとは〔じゅんび〕が大事
⑬ 〔じゅんけっしょう〕の試合
⑭ 生活〔すいじゅん〕が上がる
⑮ 〔ひょうじゅん〕語と方言
⑯ 未来を〔よそく〕する
⑰ 今日は体重〔そくてい〕がある
⑱ 天体〔かんそく〕をする
⑲ かかる時間を〔けいそく〕する
⑳ 川の深さを〔はかる〕

## 31 木《き・きへん》 禾《のぎへん》 のつく漢字 その①

覚えよう

### 査
音 サ
訓 —
9画

### 条
音 ジョウ
訓 —
7画

### 桜
音 (オウ)
訓 さくら
10画

### 格
音 カク (コウ)
訓 —
10画

### 検
音 ケン
訓 —
12画

# 32 木《き・きへん》 禾《のぎへん》 のつく漢字 その① 解いてみよう（読み）

↓解答は次ページを参照

【　月　日／　点（1問5点・100点満点）】

● 次の――線を引いた漢字の読み方を書いてください。

① 役所の査察が入る
② 仕事ぶりを査定する
③ 視《し》力の検査
④ 川の生き物を調査する
⑤ 思想信条の自由
⑥ 日本国憲《けん》法の条文
⑦ 外国と条約を結ぶ
⑧ 自分でやるのが条件だ
⑨ 梅桃《もも》桜はバラの仲間
⑩ 花が散って葉桜になる

⑪ 桜色の貝がら
⑫ 入学試験に合格する
⑬ がっしりとした体格
⑭ 格式張らない集まり
⑮ 明るくやさしい性格
⑯ 商品の価格
⑰ 持ち物の点検
⑱ 入店前に検温する
⑲ 異《い》常が検出されました
⑳ 仮説を検証する

# 33 木《き・きへん》 禾《のぎへん》 のつく漢字 その①

## 解いてみよう（書き）

⬇解答は前ページを参照

〔　　月　　日／　　点（1問5点・100点満点）〕

● 読みがなに合う漢字（と送りがな）を書いてください。

①役所の〔ささつ〕が入る

②仕事ぶりを〔さてい〕する

③視《し》力の〔けんさ〕

④川の生き物を〔ちょうさ〕する

⑤思想〔しんじょう〕の自由

⑥日本国憲《けん》法の〔じょうぶん〕

⑦外国と〔じょうやく〕を結ぶ

⑧自分でやるのが〔じょうけん〕だ

⑨梅桃《もも》〔さくら〕はバラの仲間

⑩花が散って〔はざくら〕になる

⑪〔さくらいろ〕の貝がら

⑫入学試験に〔ごうかく〕する

⑬がっしりとした〔たいかく〕

⑭〔かくしき〕張らない集まり

⑮明るくやさしい〔せいかく〕

⑯商品の〔かかく〕

⑰持ち物の〔てんけん〕

⑱入店前に〔けんおん〕する

⑲異《い》常が〔けんしゅつ〕されました

⑳仮説を〔けんしょう〕する

# 34 木《き・きへん》 禾《のぎへん》 のつく漢字 その②

## 覚えよう

**構**

14画

音 コウ

訓 かま／える・かま／う

**枝**

8画

音 （シ）

訓 えだ

**移**

11画

音 イ

訓 うつ／る・うつ／す

**税**

12画

音 ゼイ

訓 ——

**程**

12画

音 テイ

訓 （ほど）

# 35 木《き・きへん》 禾《のぎへん》のつく漢字 その②

## 解いてみよう（読み）

⬇解答は次ページを参照　［　月　日／　点（1問5点・100点満点）］

● 次の——線を引いた漢字の読み方を書いてください。

① いい構図の写真
② メンバーの構成が変わった
③ 建築物の構造図
④ しっかりした心構え
⑤ 構うな、放っておけ
⑥ 小枝を切り落とす
⑦ おいしい枝豆
⑧ 枝分かれした山道
⑨ 場所を移動する
⑩ ふるさとに移住した
⑪ 移転通知を出す
⑫ 時代の移り変わり
⑬ 教育・勤《きん》労・納《のう》税
⑭ 税金を払《はら》う
⑮ 消費税が上がった
⑯ 減税で生活が楽になった
⑰ その程度なら平気だよ
⑱ 修学旅行の日程
⑲ 音程を合わせて歌う
⑳ 結果も過程も大事だ

# 36 木《き・きへん》 禾《のぎへん》 のつく漢字 その②

## 解いてみよう（書き）

⬇解答は前ページを参照

〔　月　日／　点（1問5点・100点満点）〕

● 読みがなに合う漢字（と送りがな）を書いてください。

① いい〔こうず〕の写真

② メンバーの〔こうせい〕が変わった

③ 建築物の〔こうぞう〕図

④ しっかりした〔こころがまえ〕

⑤ 〔かまう〕な、放っておけ

⑥ 〔こえだ〕を切り落とす

⑦ おいしい〔えだまめ〕

⑧ 〔えだわかれ〕した山道

⑨ 場所を〔いどう〕する

⑩ ふるさとに〔いじゅう〕した

⑪ 〔いてん〕通知を出す

⑫ 時代の〔うつり〕変わり

⑬ 教育・勤《きん》労・納《のう》〔ぜい〕

⑭ 〔ぜいきん〕を払《はら》う

⑮ 〔しょうひぜい〕が上がった

⑯ 〔げんぜい〕で生活が楽になった

⑰ その〔ていど〕なら平気だよ

⑱ 修学旅行の〔にってい〕

⑲ 〔おんてい〕を合わせて歌う

⑳ 結果も〔かてい〕も大事だ

# 37 糸《いと》 糸《いとへん》 のつく漢字 その①

## 覚えよう

### 素

10画

音 ソ・(ス)

訓 —

1 素 2 素 3 4 素 5 素 6 素 7 素 8 素 9 素 10 素

素

### 紀

9画

音 キ

訓 —

1 紀 2 紀 3 紀 4 紀 5 紀 6 紀 7 紀 8 紀 9 紀

紀

### 経

11画

音 ケイ・(キョウ)

訓 へ/る

1 2 経 3 経 4 経 5 6 経 7 経 8 経 9 経 10 経 11 経

経

### 織

18画

音 シキ・(ショク)

訓 お/る

1〜3 織 4〜6 織 7 8 織 9〜11 織 12 13 織 14 15 織 16 織 17 織 18 織

織

### 績

17画

音 セキ

訓 —

1〜3 績 4〜6 績 7 績 8 績 9 10 績 11 12 績 13〜15 績 16 績 17 績

績

# 38 糸《いと》 糸《いとへん》 のつく漢字 その①

## 解いてみよう（読み）

↓解答は次ページを参照

【　月　日／　点（1問5点・100点満点）】

● 次の――線を引いた漢字の読み方を書いてください。

① 二酸化炭素を出さない車〔　〕
② 酸素は燃焼《しょう》を助ける〔　〕
③ 素材を生かした料理〔　〕
④ 漢字学習の素質がある〔　〕
⑤ 風紀の乱《みだ》れを正す〔　〕
⑥ 紀元前の古いできごと〔　〕
⑦ 現在は二十一世紀だ〔　〕
⑧ 世界一周の紀行文〔　〕
⑨ 日本経済の見通し〔　〕
⑩ 経験は人生の宝《たから》だ〔　〕

⑪ 時間が経過する〔　〕
⑫ 長い時を経る〔　〕
⑬ 組織の一員になる〔　〕
⑭ 羽織を着たさむらい〔　〕
⑮ 織田信長〔　〕
⑯ 鶴《つる》が布を織る〔　〕
⑰ 漢字の成績が上がった〔　〕
⑱ 業績が評価された〔　〕
⑲ 先祖の功績をたたえる〔　〕
⑳ 実績を上げて出世する〔　〕

# 39 糸《いと》 糸《いとへん》 のつく漢字 その① 解いてみよう（書き）

⬇解答は前ページを参照　［　月　日／　点（1問5点・100点満点）］

●読みがなに合う漢字（と送りがな）を書いてください。

① 二酸化〔たんそ〕を出さない車

② 〔さんそ〕は燃焼《しょう》を助ける

③ 〔そざい〕を生かした料理

④ 漢字学習の〔そしつ〕がある

⑤ 〔ふうき〕の乱《みだ》れを正す

⑥ 〔きげんぜん〕の古いできごと

⑦ 現在は二十一〔せいき〕だ

⑧ 世界一周の〔きこうぶん〕

⑨ 日本〔けいざい〕の見通し

⑩ 〔けいけん〕は人生の宝《たから》だ

⑪ 時間が〔けいか〕する

⑫ 長い時を〔へる〕

⑬ 〔そしき〕の一員になる

⑭ 〔はおり〕を着たさむらい

⑮ 〔おだのぶなが〕

⑯ 鶴《つる》が布を〔おる〕

⑰ 漢字の〔せいせき〕が上がった

⑱ 〔ぎょうせき〕が評価された

⑲ 先祖の〔こうせき〕をたたえる

⑳ 〔じっせき〕を上げて出世する

## 40 糸《いと》 糸《いとへん》のつく漢字 その②

### 覚えよう

**絶**
12画
音 ゼツ
訓 た/える・た/やす・た/つ
1~3 4 5 6 7 8 9 10 11 12 絶

**総**
14画
音 ソウ
訓 ―
1~3 4~6 7 8 9 10 11 12 13 14 総

**統**
12画
音 トウ
訓 (す/べる)
1 2 3 4 5 6 7 8 9 10 11 12 統

**編**
15画
音 ヘン
訓 あ/む
1~3 4~6 7 8 9 10 11 12 13 14 15 編

**綿**
14画
音 メン
訓 わた
1~3 4~6 7 8 9 10 11 12 13 14 綿

絶 総 統 編 綿

41

# 糸《いと》 糸《いとへん》 のつく漢字 その② 解いてみよう（読み）

⬇解答は次ページを参照　［　月　日／　点（1問5点・100点満点）］

● 次の——線を引いた漢字の読み方を書いてください。

①絶望するにはまだ早い　〔　　〕
②絶対に覚えよう　〔　　〕
③びっくりして気絶した　〔　　〕
④消息を絶つ　〔　　〕
⑤生徒総会に出席する　〔　　〕
⑥総合的な実力　〔　　〕
⑦予算の総額　〔　　〕
⑧内閣《かく》総理大臣は行政の長だ　〔　　〕
⑨天下を統一する　〔　　〕
⑩アメリカ合衆《しゅう》国大統領　〔　　〕
⑪血統書付きのペット　〔　　〕
⑫伝統のある学校　〔　　〕
⑬チームを編成する　〔　　〕
⑭問題集を編集する　〔　　〕
⑮短編小説を読む　〔　　〕
⑯マフラーを編む　〔　　〕
⑰真綿で首をしめる　〔　　〕
⑱お祭りと言えば綿あめだよね　〔　　〕
⑲中国は綿花の産地だ　〔　　〕
⑳木綿のハンカチ　〔　　〕

## 42 糸《いと》 糸《いとへん》 のつく漢字 その②

## 解いてみよう（書き）

⬇解答は前ページを参照

［　　月　　日／　　点（1問5点・100点満点）］

● 読みがなに合う漢字（と送りがな）を書いてください。

① 〔ぜっぼう〕するにはまだ早い

② 〔ぜったい〕に覚えよう

③ びっくりして〔きぜっ〕した

④ 消息を〔たっ〕

⑤ 生徒〔そうかい〕に出席する

⑥ 〔そうごうてき〕な実力

⑦ 予算の〔そうがく〕

⑧ 内閣《かく》〔そうりだいじん〕は行政の長だ

⑨ 天下を〔とういっ〕する

⑩ アメリカ合衆《しゅう》国〔だいとうりょう〕

⑪ 〔けっとう〕書付きのペット

⑫ 〔でんとう〕のある学校

⑬ チームを〔へんせい〕する

⑭ 問題集を〔へんしゅう〕する

⑮ 〔たんぺん〕小説を読む

⑯ マフラーを〔あむ〕

⑰ 〔まわた〕で首をしめる

⑱ お祭りと言えば〔わた〕あめだよね

⑲ 中国は〔めんか〕の産地だ

⑳ 〔もめん〕のハンカチ

# 43 言《ごんべん》 石《いしへん》 のつく漢字 その①

## 覚えよう

### 許

11画

音 キョ

訓 ゆる/す

### 護

20画

音 ゴ

訓 ―

### 講

17画

音 コウ

訓 ―

### 識

19画

音 シキ

訓 ―

### 謝

17画

音 シャ

訓 (あやま/る)

## 44 言《ごんべん》 石《いしへん》 のつく漢字 その①

## 解いてみよう（読み）

↓解答は次ページを参照

【　月　日／　点（1問5点・100点満点）】

● 次の――線を引いた漢字の読み方を書いてください。

① 特許を取った発明（　）
② 外出を許可する（　）
③ 多少のミスは許容します（　）
④ 許せる人は強い人（　）
⑤ 要人を護衛する（　）
⑥ 動物の保護色（　）
⑦ 急病人を救護する（　）
⑧ 動物愛護の精神（　）
⑨ 夏期講習を受ける（　）
⑩ 補《ほ》習授業を受講する（　）

⑪ ポーツマス講和会議（　）
⑫ 講演会を開く（　）
⑬ 知識は一生の宝《たから》物（　）
⑭ 高熱で意識を失った（　）
⑮ 常識にとらわれない（　）
⑯ 道路標識（　）
⑰ 感謝感激《げき》雨あられ（　）
⑱ 潔《いさぎよ》く謝罪する（　）
⑲ 謝礼をもらった（　）
⑳ 月謝を支払《はら》う（　）

# 45 言《ごんべん》 石《いしへん》のつく漢字 その① 解いてみよう（書き）

↓解答は前ページを参照

〔　月　日／　点（1問5点・100点満点）〕

●読みがなに合う漢字（と送りがな）を書いてください。

① 〔とっきょ〕を取った発明

② 外出を〔きょか〕する

③ 多少のミスは〔きょよう〕します

④ 〔ゆるせる〕人は強い人

⑤ 要人を〔ごえい〕する

⑥ 動物の〔ほご〕色

⑦ 急病人を〔きゅうご〕する

⑧ 動物〔あいご〕の精神

⑨ 夏期〔こうしゅう〕を受ける

⑩ 補《ほ》習授業を〔じゅこう〕する

⑪ ポーツマス〔こうわ〕会議

⑫ 〔こうえんかい〕を開く

⑬ 〔ちしき〕は一生の宝《たから》物

⑭ 高熱で〔いしき〕を失った

⑮ 〔じょうしき〕にとらわれない

⑯ 道路〔ひょうしき〕

⑰ 〔かんしゃ〕感激《げき》雨あられ

⑱ 潔《いさぎよ》く〔しゃざい〕する

⑲ 〔しゃれい〕をもらった

⑳ 〔げっしゃ〕を支払《はら》う

# 46 言《ごんべん》 石《いしへん》のつく漢字 その②

## 覚えよう

### 証

12画

音 ショウ

訓 ―

### 設

11画

音 セツ

訓 もう／ける

### 評

12画

音 ヒョウ

訓 ―

### 確

15画

音 カク

訓 たし／か・たし／かめる

### 破

10画

音 ハ

訓 やぶ／る・やぶ／れる

47

# 言《ごんべん》 石《いしへん》のつく漢字 その②

## 解いてみよう（読み）

↓解答は次ページを参照

〔　月　日／　点（1問5点・100点満点）〕

● 次の――線を引いた漢字の読み方を書いてください。

① 科学的に証明する
② 裁《さい》判の証人になる
③ 卒業証書をもらう
④ 一年間の保証書
⑤ 会社を設立する
⑥ 発電所を建設する
⑦ 設備を整える
⑧ 保育所を設ける
⑨ 評判のいいアニメ
⑩ 五年生の成績評価

⑪ ついに評決が下された
⑫ ゲーム実況《きょう》が好評だ
⑬ 確実な仕事ぶり
⑭ 勝利を確信する
⑮ 正確な時計
⑯ 真実を確かめる
⑰ 破格の安値
⑱ 部品が破損した
⑲ ノートが破れた
⑳ 約束は破らない

## 48 言《ごんべん》 石《いしへん》 のつく漢字 その② 解いてみよう（書き）

↓解答は前ページを参照
〔　月　日／　点（1問5点・100点満点）〕

●読みがなに合う漢字（と送りがな）を書いてください。

① 科学的に〔しょうめい〕する
② 裁《さい》判の〔しょうにん〕になる
③ 卒業〔しょうしょ〕をもらう
④ 一年間の〔ほしょう〕書
⑤ 会社を〔せつりつ〕する
⑥ 発電所を〔けんせつ〕する
⑦ 〔せつび〕を整える
⑧ 保育所を〔もうける〕
⑨ 〔ひょうばん〕のいいアニメ
⑩ 五年生の成績〔ひょうか〕

⑪ ついに〔ひょうけつ〕が下された
⑫ ゲーム実況《きょう》が〔こうひょう〕だ
⑬ 〔かくじつ〕な仕事ぶり
⑭ 勝利を〔かくしん〕する
⑮ 〔せいかく〕な時計
⑯ 真実を〔たしかめる〕
⑰ 〔はかく〕の安値
⑱ 部品が〔はそん〕した
⑲ ノートが〔やぶれた〕
⑳ 約束は〔やぶらない〕

# 49 貝《かい・かいへん》 阝《こざとへん》 のつく漢字 その①

## 覚えよう

### 賛
15画
音 サン
訓 ―

### 資
13画
音 シ
訓 ―

### 質
15画
音 シツ・(シチ)・(チ)
訓 ―

### 賞
15画
音 ショウ
訓 ―

### 責
11画
音 セキ
訓 せ／める

## 50 貝《かい・かいへん》 阝《こざとへん》 のつく漢字 その①

# 解いてみよう（読み）

⬇解答は次ページを参照

［　月　日／　点（1問5点・100点満点）］

● 次の――線を引いた漢字の読み方を書いてください。

① 賛成の意見を述べる

② 絶賛された才能

③ 「きよしこの夜」は賛美歌だ

④ 自画自賛もほどほどに

⑤ 資格試験を受ける

⑥ 資料を集める

⑦ 資産をじっくり増やす

⑧ 新しい会社に出資する

⑨ 実にいい質問です

⑩ ダンスの素質がある

⑪ 本質をとらえた意見

⑫ 実質的には正解だ

⑬ 賞賛を受けた演技

⑭ 大会で入賞を果たした

⑮ 参加賞をもらった

⑯ アカデミー賞の授賞式

⑰ リーダーは責任重大だ

⑱ しっかり責務を果たす

⑲ この役目は重責だ

⑳ 人の失敗を責めない

# 51 貝《かい・かいへん》 阝《こざとへん》のつく漢字 その①

## 解いてみよう（書き）

↓解答は前ページを参照

〔　月　日／　点（1問5点・100点満点）〕

●読みがなに合う漢字（と送りがな）を書いてください。

①〔さんせい〕の意見を述べる

②〔ぜっさん〕された才能

③「きよしこの夜」は〔さんびか〕だ

④〔じがじさん〕もほどほどに

⑤〔しかく〕試験を受ける

⑥〔しりょう〕を集める

⑦〔しさん〕をじっくり増やす

⑧新しい会社に〔しゅっし〕する

⑨実にいい〔しつもん〕です

⑩ダンスの〔そしつ〕がある

⑪〔ほんしつ〕をとらえた意見

⑫〔じっしつ〕的には正解だ

⑬〔しょうさん〕を受けた演技

⑭大会で〔にゅうしょう〕を果たした

⑮〔さんかしょう〕をもらった

⑯アカデミー賞の〔じゅしょうしき〕

⑰リーダーは〔せきにん〕重大だ

⑱しっかり〔せきむ〕を果たす

⑲この役目は〔じゅうせき〕だ

⑳人の失敗を〔せめない〕

## 52 貝《かい・かいへん》 阝《こざとへん》 のつく漢字 その②

### 覚えよう

**貸**
12画
音 (タイ)
訓 か／す

**費**
12画
音 ヒ
訓 (つい／やす)・(つい／える)

**貧**
11画
音 ビン・(ヒン)
訓 まず／しい

**貿**
12画
音 ボウ
訓 ―

**財**
10画
音 ザイ・(サイ)
訓 ―

# 53 貝《かい・かいへん》 阝《こざとへん》 のつく漢字 その② 解いてみよう（読み）

⬇解答は次ページを参照　【　月　日／　点（1問5点・60点満点）】

●次の――線を引いた漢字の読み方を書いてください。

① 友人に力を貸す　〔　　〕

② 本を貸し出す　〔　　〕

③ 一カ月分の食費　〔　　〕

④ 消費者に意見を聞く　〔　　〕

⑤ 習い事にかかる費用　〔　　〕

⑥ 貧ぼうな生活　〔　　〕

⑦ 清く貧しい生き方　〔　　〕

⑧ 外国と貿易する　〔　　〕

⑨ 貿易風は東から吹く　〔　　〕

⑩ 財産を相続した　〔　　〕

⑪ 国の財政を考える　〔　　〕

⑫ 重要文化財の仏像　〔　　〕

# 54 貝《かい・かいへん》 阝《こざとへん》 のつく漢字 その②

## 解いてみよう（書き）

↓解答は前ページを参照　【　月　日／　点（1問5点・60点満点）】

●読みがなに合う漢字（と送りがな）を書いてください。

①友人に力を〔かす〕

②本を〔かし〕出す

③一カ月分の〔しょくひ〕

④〔しょうひしゃ〕に意見を聞く

⑤習い事にかかる〔ひよう〕

⑥〔びん〕ぼうな生活

⑦清く〔まずしい〕生き方

⑧外国と〔ぼうえき〕する

⑨〔ぼうえきふう〕は東から吹く

⑩〔ざいさん〕を相続した

⑪国の〔ざいせい〕を考える

⑫重要〔ぶんかざい〕の仏像

## 55 貝《かい・かいへん》 阝《こざとへん》のつく漢字 その③

覚えよう

### 貯
12画
音 チョ
訓 ―

### 険
11画
音 ケン
訓 けわ／しい

### 限
9画
音 ゲン
訓 かぎ／る

### 際
14画
音 サイ
訓 (きわ)

### 防
7画
音 ボウ
訓 ふせ／ぐ

## 56 貝《かい・かいへん》 阝《こざとへん》 のつく漢字 その③

### 解いてみよう（読み）

↓解答は次ページを参照

〔　月　日／　点（1問5点・100点満点）〕

● 次の――線を引いた漢字の読み方を書いてください。

①毎月貯金をする
②物資を貯留する
③貯水池の水が増えた
④生命保険に加入する
⑤箱根の山は天下の険
⑥険悪な関係を改める
⑦険しい山道
⑧限界を突《とっ》破する
⑨がまんにも限度がある
⑩期限までに提出する

⑪限りなき可能性
⑫外出の際のご注意
⑬際限なく盛《も》り上がる
⑭成田国際空港
⑮実際には実行可能だ
⑯九月一日は防災の日
⑰国の防衛予算
⑱消防車に道をゆずる
⑲ウイルス感染《せん》を予防する
⑳台風の被《ひ》害を防ぐ

# 57 貝《かい・かいへん》 阝《こざとへん》 のつく漢字 その③

## 解いてみよう（書き）

↓解答は前ページを参照

〔　月　日／　点（1問5点・100点満点）〕

● 読みがなに合う漢字（と送りがな）を書いてください。

① 毎月〔ちょきん〕をする

② 物資を〔ちょりゅう〕する

③ 〔ちょすいち〕の水が増えた

④ 生命〔ほけん〕に加入する

⑤ 箱根の山は天下の〔けん〕

⑥ 〔けんあく〕な関係を改める

⑦ 〔けわしい〕山道

⑧ 〔げんかい〕を突《とっ》破する

⑨ がまんにも〔げんど〕がある

⑩ 〔きげん〕までに提出する

⑪ 〔かぎり〕なき可能性

⑫ 外出の〔さい〕のご注意

⑬ 〔さいげん〕なく盛《も》り上がる

⑭ 成田〔こくさい〕空港

⑮ 〔じっさい〕には実行可能だ

⑯ 九月一日は〔ぼうさい〕の日

⑰ 国の〔ぼうえい〕予算

⑱ 〔しょうぼうしゃ〕に道をゆずる

⑲ ウイルス感染《せん》を〔よぼう〕する

⑳ 台風の被《ひ》害を〔ふせぐ〕

# 58 土《つち・つちへん》のつく漢字 その①

## 覚えよう

**圧**
音 アツ　訓 ―
5画

**基**
音 キ　訓 (もと)・(もとい)
11画

**型**
音 ケイ　訓 かた
9画

**在**
音 ザイ　訓 あ/る
6画

**堂**
音 ドウ　訓 ―
11画

59

# 土《つち・つちへん》のつく漢字 その①

## 解いてみよう（読み）

↓解答は次ページを参照

〔　月　日／　点（1問5点・100点満点）〕

●次の——線を引いた漢字の読み方を書いてください。

① 山の頂《ちょう》上の気圧は低い

② 試合に圧勝した

③ 血圧を測定する

④ 強い圧力がかかる

⑤ 漢字学習の基本

⑥ 南極の昭和基地

⑦ 判断の基準を決める

⑧ 基幹システムを起動する

⑨ 原型をとどめていない

⑩ 定型郵《ゆう》便で送る

⑪ 型破りな生き方

⑫ 大型の飛行機

⑬ 過去と現在と未来

⑭ 在校生の代表

⑮ 祖母は健在です

⑯ 在るべき姿《すがた》

⑰ 食堂で昼食をとる

⑱ 国会議事堂

⑲ 一堂に会する

⑳ 堂に入《い》った演説

# 60 土《つち・つちへん》のつく漢字 その① 解いてみよう（書き）

↓解答は前ページを参照

［　月　日／　点（1問5点・100点満点）］

●読みがなに合う漢字（と送りがな）を書いてください。

①山の頂《ちょう》上の〔きあつ〕は低い
②試合に〔あっしょう〕した
③〔けつあつ〕を測定する
④強い〔あつりょく〕がかかる
⑤漢字学習の〔きほん〕
⑥南極の昭和〔きち〕
⑦判断の〔きじゅん〕を決める
⑧〔きかん〕システムを起動する
⑨〔げんけい〕をとどめていない
⑩〔ていけい〕郵《ゆう》便で送る
⑪〔かたやぶり〕な生き方
⑫〔おおがた〕の飛行機
⑬過去と〔げんざい〕と未来
⑭〔ざいこうせい〕の代表
⑮祖母は〔けんざい〕です
⑯〔ある〕べき姿《すがた》
⑰〔しょくどう〕で昼食をとる
⑱〔こっかいぎじどう〕
⑲〔いちどう〕に会する
⑳〔どう〕に入《い》った演説

# 61 土《つち・つちへん》のつく漢字 その②

## 覚えよう

**墓**
音 ボ
訓 はか
13画

**報**
音 ホウ
訓 (むく/いる)
12画

**境**
音 キョウ・(ケイ)
訓 さかい
14画

**均**
音 キン
訓 ―
7画

**増**
音 ゾウ
訓 ふ/える・ふ/やす・ま/す
14画

# 62　土《つち・つちへん》のつく漢字 その②　解いてみよう（読み）

↓解答は次ページを参照

［　　月　　日／　　点（1問5点・100点満点）］

●次の――線を引いた漢字の読み方を書いてください。

① 山の中腹《ふく》の墓地（　　　）
② 祖父の墓前に報告する（　　　）
③ お盆《ぼん》に墓参りをする（　　　）
④ 野生動物の墓場（　　　）
⑤ 報告・連絡《らく》・相談（　　　）
⑥ 大スクープの報道（　　　）
⑦ 必要な情報を集める（　　　）
⑧ 明日の天気予報（　　　）
⑨ 音楽に国境はない（　　　）
⑩ 心境の変化があった（　　　）

⑪ 境界線を引く（　　　）
⑫ 生死の境をさまよう（　　　）
⑬ 五百円均一の問題集（　　　）
⑭ 余りを均等に分ける（　　　）
⑮ 均整の取れたスタイル（　　　）
⑯ 日本人の平均寿命《じゅみょう》は長い（　　　）
⑰ 増加と減少（　　　）
⑱ アクセスが急増した動画（　　　）
⑲ ダムの水量が増す（　　　）
⑳ 世界人口が増える（　　　）

# 63 土《つち・つちへん》のつく漢字 その② 解いてみよう（書き）

⬇解答は前ページを参照

［　月　日／　点（1問5点・100点満点）］

●読みがなに合う漢字（と送りがな）を書いてください。

①山の中腹《ふく》の［ぼち］

②祖父の［ぼぜん］に報告する

③お盆《ぼん》に［はかまいり］をする

④野生動物の［はかば］

⑤［ほうこく］・連絡《らく》・相談

⑥大スクープの［ほうどう］

⑦必要な［じょうほう］を集める

⑧明日の天気［よほう］

⑨音楽に［こっきょう］はない

⑩［しんきょう］の変化があった

⑪［きょうかいせん］を引く

⑫生死の［さかい］をさまよう

⑬五百円［きんいつ］の問題集

⑭余りを［きんとう］に分ける

⑮［きんせい］の取れたスタイル

⑯日本人の［へいきん］寿命《じゅみょう》は長い

⑰［ぞうか］と減少

⑱アクセスが［きゅうぞう］した動画

⑲ダムの水量が［ます］

⑳世界人口が［ふえる］

# 64 心《こころ》 忄《りっしんべん》 月《にくづき》 のつく漢字 その①

## 覚えよう

### 応

音 オウ
訓 こた／える
7画

1 応 2 応 3 応 4 応 5 応 6 応 7 応

応

### 志

音 シ
訓 こころざ／す・こころざし
7画

1 志 2 志 3 志 4 志 5 志 6 志 7 志

志

### 態

音 タイ
訓 ―
14画

1 2 態 3 4 態 5 6 態 7 態 8 態 9 10 態 11 態 12 態 13 14 態

態

### 快

音 カイ
訓 こころよ／い
7画

1 快 2 快 3 快 4 快 5 快 6 快 7 快

快

### 慣

音 カン
訓 な／れる・な／らす
14画

1~3 慣 4 慣 5 慣 6 慣 7 慣 8 9 慣 10~12 慣 13 慣 14 慣

慣

# 65 心《こころ》 忄《りっしんべん》 月《にくづき》 のつく漢字 その①

## 解いてみよう（読み）

↓解答は次ページを参照

［　月　日／　点（1問5点・100点満点）］

● 次の――線を引いた漢字の読み方を書いてください。

① 大至《し》急応答せよ［　　］
② 問い合わせに対応する［　　］
③ 反応の応はノウと読む［　　］
④ 家族の期待に応える［　　］
⑤ 意志あるところに道あり［　　］
⑥ 志望校に合格する［　　］
⑦ 医者の道を志す［　　］
⑧ 高い志を持つ［　　］
⑨ 立派《りっぱ》な態度［　　］
⑩ 事態が急変した［　　］
⑪ 健康状態を良くする［　　］
⑫ ウナギの生態を調べる［　　］
⑬ 快適な温度を保つ［　　］
⑭ 軽快なリズムの曲［　　］
⑮ 不快な音が聞こえる［　　］
⑯ 快く引き受ける［　　］
⑰ 慣性の法則［　　］
⑱ 慣用句を覚える［　　］
⑲ 学習の習慣をつける［　　］
⑳ 習うより慣れろ［　　］

# 66 心《こころ》 忄《りっしんべん》 月《にくづき》 のつく漢字 その①

## 解いてみよう（書き）

↓解答は前ページを参照

〔　月　日／　点（1問5点・100点満点）〕

●読みがなに合う漢字（と送りがな）を書いてください。

① 大至《し》急〔おうとう〕せよ

② 問い合わせに〔たいおう〕する

③ 〔はんのう〕の応はノウと読む

④ 家族の期待に〔こたえる〕

⑤ 〔いし〕あるところに道あり

⑥ 〔しぼうこう〕に合格する

⑦ 医者の道を〔こころざす〕

⑧ 高い〔こころざし〕を持つ

⑨ 立派《りっぱ》な〔たいど〕

⑩ 〔じたい〕が急変した

⑪ 健康〔じょうたい〕を良くする

⑫ ウナギの〔せいたい〕を調べる

⑬ 〔かいてき〕な温度を保つ

⑭ 〔けいかい〕なリズムの曲

⑮ 〔ふかい〕な音が聞こえる

⑯ 〔こころよく〕引き受ける

⑰ 〔かんせい〕の法則

⑱ 〔かんようく〕を覚える

⑲ 学習の〔しゅうかん〕をつける

⑳ 習うより〔なれろ〕

# 67 心《こころ》 忄《りっしんべん》 月《にくづき》 のつく漢字 その②

## 覚えよう

### 情
音 ジョウ・(セイ)
訓 なさ／け
11画
1 情 2 情 3 情 4 情 5 情 6 7 情 8 情 9 情 10 11 情

情

### 性
音 セイ・(ショウ)
訓 ―
8画
1 性 2 性 3 性 4 性 5 性 6 性 7 性 8 性

性

### 肥
音 ヒ
訓 こ／える・こえ・こ／やす・こ／やし
8画
1 肥 2 肥 3 肥 4 肥 5 肥 6 肥 7 肥 8 肥

肥

### 脈
音 ミャク
訓 ―
10画
1 脈 2 脈 3 4 脈 5 脈 6 脈 7 脈 8 脈 9 脈 10 脈

脈

### 能
音 ノウ
訓 ―
10画
1 能 2 能 3 能 4 能 5 6 能 7 能 8 能 9 能 10 能

能

# 68 心《こころ》 忄《りっしんべん》 月《にくづき》 のつく漢字 その②

## 解いてみよう（読み）

↓解答は次ページを参照

［　月　日／　点（1問5点・100点満点）］

● 次の――線を引いた漢字の読み方を書いてください。

① 情熱的な告白
② 表情豊かな演技
③ 感情を抑《おさ》える
④ 情けは人のためならず
⑤ 明るい性格
⑥ 性別を問わない
⑦ 金属の性質
⑧ 個性を認《みと》め合おう
⑨ 植物に肥料をやる
⑩ 畑に肥をまく
⑪ よく肥えた牛
⑫ 努力は人生の肥やしだ
⑬ 手首で脈を測る
⑭ アルプス山脈
⑮ 動脈と静《じょう》脈
⑯ 話の文脈が見えない
⑰ 能は日本の伝統文化だ
⑱ 能力を高めよう
⑲ 学習の能率が上がる
⑳ 君の可能性は大きい

# 69 心《こころ》 忄《りっしんべん》 月《にくづき》のつく漢字 その②　解いてみよう（書き）

↓解答は前ページを参照

〔　月　日／　点（1問5点・100点満点）〕

● 読みがなに合う漢字（と送りがな）を書いてください。

① 〔じょうねつ〕的な告白

② 〔ひょうじょう〕豊かな演技

③ 〔かんじょう〕を抑《おさ》える

④ 〔なさけ〕は人のためならず

⑤ 明るい〔せいかく〕

⑥ 〔せいべつ〕を問わない

⑦ 金属の〔せいしつ〕

⑧ 〔こせい〕を認《みと》め合おう

⑨ 植物に〔ひりょう〕をやる

⑩ 畑に〔こえ〕をまく

⑪ よく〔こえた〕牛

⑫ 努力は人生の〔こやし〕だ

⑬ 手首で〔みゃく〕を測る

⑭ アルプス〔さんみゃく〕

⑮ 〔どうみゃく〕と静《じょう》脈

⑯ 話の〔ぶんみゃく〕が見えない

⑰ 〔のう〕は日本の伝統文化だ

⑱ 〔のうりょく〕を高めよう

⑲ 学習の〔のうりつ〕が上がる

⑳ 君の〔かのうせい〕は大きい

## 70 ⻌《しんにょう》ヒ《ひ》ノ《の》タ《ゆうべ》のつく漢字 その①

### 覚えよう

**過**
音 カ
訓 す/ぎる・す/ごす・(あやま/つ)・(あやま/ち)
12画

**逆**
音 ギャク
訓 さか・さか/らう
9画

**述**
音 ジュツ
訓 の/べる
8画

**造**
音 ゾウ
訓 つく/る
10画

**適**
音 テキ
訓 ―
14画

71

# 辶《しんにょう》ヒ《ひ》ノ《の》夕《ゆうべ》のつく漢字 その①

## 解いてみよう（読み）

⬇解答は次ページを参照

［　月　日／　点（1問5点・100点満点）］

● 次の——線を引いた漢字の読み方を書いてください。

①過去より未来が大事だ〔　　〕
②特急が通過する駅〔　　〕
③嵐《あらし》もいつかは過ぎる〔　　〕
④幸せな時を過ごす〔　　〕
⑤あきらめずに逆転する〔　　〕
⑥逆境にめげずがんばる〔　　〕
⑦逆上がりができた〔　　〕
⑧風に逆らう飛行機〔　　〕
⑨主語と述語〔　　〕
⑩口述筆記をする〔　　〕

⑪記述式の問題〔　　〕
⑫はっきり意見を述べる〔　　〕
⑬日本の造船技術力《りょく》は高い〔　　〕
⑭工夫して改造する〔　　〕
⑮高品質の製造物〔　　〕
⑯徳川家康《とくがわいえやす》が造った江戸の町〔　　〕
⑰学習に適した問題集〔　　〕
⑱適当な塩加減〔　　〕
⑲この役目は君が適任だ〔　　〕
⑳最適な方法を考えよう〔　　〕

# 72 辶《しんにょう》匕《ひ》ノ《の》夕《ゆうべ》のつく漢字 その① 解いてみよう（書き）

⬇解答は前ページを参照

〔　月　日／　点（1問5点・100点満点）〕

● 読みがなに合う漢字（と送りがな）を書いてください。

① 〔　　〕《かこ》より未来が大事だ
② 特急が〔　　〕《つうか》する駅
③ 嵐《あらし》もいつかは〔　　〕《すぎる》
④ 幸せな時を〔　　〕《すごす》
⑤ あきらめずに〔　　〕《ぎゃくてん》する
⑥ 〔　　〕《ぎゃっきょう》にめげずがんばる
⑦ 〔　　〕《さかあがり》ができた
⑧ 風に〔　　〕《さからう》飛行機
⑨ 主語と〔　　〕《じゅつご》
⑩ 〔　　〕《こうじゅつ》筆記をする

⑪ 〔　　〕《きじゅつ》式の問題
⑫ はっきり意見を〔　　〕《のべる》
⑬ 日本の〔　　〕《ぞうせん》技術力《りょく》は高い
⑭ 工夫して〔　　〕《かいぞう》する
⑮ 高品質の〔　　〕《せいぞう》物
⑯ 徳川家康《とくがわいえやす》が〔　　〕《つくった》江戸の町
⑰ 学習に〔　　〕《てき》した問題集
⑱ 〔　　〕《てきとう》な塩加減
⑲ この役目は君が〔　　〕《てきにん》だ
⑳ 〔　　〕《さいてき》な方法を考えよう

# 73 辶《しんにょう》ヒ《ひ》ノ《の》タ《ゆうべ》のつく漢字 その②

## 覚えよう

### 迷

音 （メイ）　訓 まよ／う

9画

1 迷 2 迷 3 迷 4 迷 5 迷 6 迷 7 迷 8 迷 9 迷

### 比

音 ヒ　訓 くら／べる

4画

1 比 2 比 3 比 4 比

### 久

音 キュウ・（ク）　訓 ひさ／しい

3画

1 久 2 久 3 久

### 夢

音 ム　訓 ゆめ

13画

1～3 夢 4 夢 5 夢 6 7 夢 8 夢 9 10 夢 11 夢 12 夢 13 夢

# 74　辶《しんにょう》ヒ《ひ》ノ《の》夕《ゆうべ》のつく漢字 その②　解いてみよう（読み）

↓解答は次ページを参照

〔　月　日／　点（1問5点・70点満点）〕

● 次の――線を引いた漢字の読み方を書いてください。

① 思い迷う時間も必要だ

② 迷子の子猫《ねこ》

③ 人口に比例した議席数

④ 男女の比率がほぼ等しい

⑤ 銅は鉄より比重が大きい

⑥ 人と比べるのもほどほどに

⑦ 持久力がついてきた

⑧ 永久機関は実現できない

⑨ 久しく会っていない

⑩ お久しぶりですね

⑪ ゲームに夢中になる

⑫ 悪夢を見て飛び起きた

⑬ 初夢で富士山に登った

⑭ 努力で夢をかなえたい

# 75 辶《しんにょう》匕《ひ》ノ《の》夕《ゆうべ》のつく漢字 その② 解いてみよう（書き）

↓解答は前ページを参照

〔　月　日／　点（1問5点・70点満点）〕

● 読みがなに合う漢字（と送りがな）を書いてください。

① 思い〔まよう〕時間も必要だ

② 〔まいご〕の子猫《ねこ》

③ 人口に〔ひれい〕した議席数

④ 男女の〔ひりつ〕がほぼ等しい

⑤ 銅は鉄より〔ひじゅう〕が大きい

⑥ 人と〔くらべる〕のもほどほどに

⑦ 〔じきゅうりょく〕がついてきた

⑧ 〔えいきゅう〕機関は実現できない

⑨ 〔ひさしく〕会っていない

⑩ お〔ひさしぶり〕ですね

⑪ ゲームに〔むちゅう〕になる

⑫ 〔あくむ〕を見て飛び起きた

⑬ 〔はつゆめ〕で富士山に登った

⑭ 努力で〔ゆめ〕をかなえたい

## 76 宀《うかんむり》 ⺍《つかんむり》 罒《よこめ》 ⺮《たけかんむり》のつく漢字

## 覚えよう

### 寄
11画
音 キ
訓 よ／る・よ／せる
1〜3 寄 4 寄 5 寄 6 寄 7 寄 8 寄 9 寄 10 寄 11 寄

### 容
10画
音 ヨウ
訓 —
1 容 2 3 容 4 容 5 容 6 容 7 容 8 容 9 容 10 容

### 営
12画
音 エイ
訓 いとな／む
1〜3 営 4 5 営 6 営 7 営 8 営 9 営 10 営 11 営 12 営

### 罪
13画
音 ザイ
訓 つみ
1 2 罪 3 4 罪 5 罪 6 罪 7 8 罪 9 罪 10 罪 11 罪 12 13 罪

### 築
16画
音 チク
訓 きず／く
1〜3 築 4〜6 築 7 築 8 築 9 築 10 11 築 12 築 13 14 築 15 16 築

# 77 宀《うかんむり》 ⺍《つかんむり》 罒《よこめ》 ⺮《たけかんむり》 のつく漢字

## 解いてみよう（読み）

↓解答は次ページを参照　［　月　日／　点（1問5点・100点満点）］

● 次の——線を引いた漢字の読み方を書いてください。

① シラミは寄生虫だ（　　）
② 被《ひ》災地に寄付をする（　　）
③ 寄せては返す波の音（　　）
④ 三人寄れば文殊《もんじゅ》の知恵《え》（　　）
⑤ 容器をリサイクルする（　　）
⑥ 容易に書ける漢字（　　）
⑦ 小説の内容を伝える（　　）
⑧ なんとも形容しがたい（　　）
⑨ 朝九時から営業します（　　）
⑩ 組織を運営する（　　）

⑪ 会社を経営する（　　）
⑫ 生き物たちの営み（　　）
⑬ さぼった時の罪悪感（　　）
⑭ 犯罪件数が減少する（　　）
⑮ 反省して謝罪する（　　）
⑯ 有名な小説「罪と罰《ばつ》」（　　）
⑰ 豊臣秀吉《とよとみひでよし》は大阪城を築城した（　　）
⑱ 高層《そう》ビルを建築する（　　）
⑲ 新築のマンション（　　）
⑳ 未来を築くのは君たちだ（　　）

# 78 宀《うかんむり》 ⺍《つかんむり》 罒《よこめ》 ⺮《たけかんむり》のつく漢字　解いてみよう（書き）

↓解答は前ページを参照

［　月　日／　点（1問5点・100点満点）］

●読みがなに合う漢字（と送りがな）を書いてください。

①シラミは〔きせいちゅう〕だ

②被《ひ》災地に〔きふ〕をする

③〔よせて〕は返す波の音

④三人〔よれば〕文殊《もんじゅ》の知恵《え》

⑤〔ようき〕をリサイクルする

⑥〔ようい〕に書ける漢字

⑦小説の〔ないよう〕を伝える

⑧なんとも〔けいよう〕しがたい

⑨朝九時から〔えいぎょう〕します

⑩組織を〔うんえい〕する

⑪会社を〔けいえい〕する

⑫生き物たちの〔いとなみ〕

⑬さぼった時の〔ざいあくかん〕

⑭〔はんざい〕件数が減少する

⑮反省して〔しゃざい〕する

⑯有名な小説「〔つみ〕と罰《ばつ》」

⑰豊臣秀吉《とよとみひでよし》は大阪城を〔ちくじょう〕した

⑱高層《そう》ビルを〔けんちく〕する

⑲〔しんちく〕のマンション

⑳未来を〔きずく〕のは君たちだ

## 79 口《くち》のつく漢字

### 覚えよう

**可**
音 カ
訓 —
5画
1 可 2 可 3 可 4 可 5 可

**喜**
音 キ
訓 よろこ／ぶ
12画
1 2 喜 3 喜 4 5 喜 6 喜 7 喜 8 喜 9 喜 10 11 喜 12 喜

**句**
音 ク
訓 —
5画
1 句 2 句 3 句 4 句 5 句

**告**
音 コク
訓 つ／げる
7画
1 告 2 告 3 告 4 告 5 告 6 告 7 告

**史**
音 シ
訓 —
5画
1 史 2 史 3 史 4 史 5 史

可　喜　句　告　史

## 80 口《くち》のつく漢字

## 解いてみよう（読み）

↓解答は次ページを参照

【　月　日／　点（1問5点・100点満点）】

●次の――線を引いた漢字の読み方を書いてください。

① 可燃物と不燃物に分ける（　　）
② 不可能を可能にする（　　）
③ 法案は可決された（　　）
④ 外出を許可します（　　）
⑤ 悲喜こもごもの合格発表（　　）
⑥ 喜色満面の笑み（　　）
⑦ 友の成功を喜ぶ（　　）
⑧ ぬか喜びはさせないよ（　　）
⑨ 句読点を打つ（　　）
⑩ 「うざい」は禁句だ（　　）

⑪ 文句を言わせない（　　）
⑫ 慣用句を覚える（　　）
⑬ 告別式に参列する（　　）
⑭ 病名を告知する（　　）
⑮ 合格の報告をする（　　）
⑯ 秋を告げる虫の声（　　）
⑰ 史実に忠《ちゅう》実なドラマ（　　）
⑱ 史上最高の得点（　　）
⑲ 歴史に学ぶことは大切だ（　　）
⑳ 日本史に興味がある（　　）

# 81 口《くち》のつく漢字

## 解いてみよう（書き）

⬇解答は前ページを参照

〔　月　日／　点（1問5点・100点満点）〕

● 読みがなに合う漢字（と送りがな）を書いてください。

①〔　　〕《かねんぶつ》と不燃物に分ける

②〔　　〕《ふかのう》を可能にする

③法案は〔　　〕《かけつ》された

④外出を〔　　〕《きょか》します

⑤〔　　〕《ひき》こもごもの合格発表

⑥〔　　〕《きしょくまんめん》の笑み

⑦友の成功を〔　　〕《よろこぶ》

⑧ぬか〔　　〕《よろこび》はさせないよ

⑨〔　　〕《くとうてん》を打つ

⑩「うざい」は〔　　〕《きんく》だ

⑪〔　　〕《もんく》を言わせない

⑫〔　　〕《かんようく》を覚える

⑬〔　　〕《こくべつしき》に参列する

⑭病名を〔　　〕《こくち》する

⑮合格の〔　　〕《ほうこく》をする

⑯秋を〔　　〕《つげる》虫の声

⑰〔　　〕《しじつ》に忠《ちゅう》実なドラマ

⑱〔　　〕《しじょう》最高の得点

⑲〔　　〕《れきし》に学ぶことは大切だ

⑳〔　　〕《にほんし》に興味がある

## 82 口《くにがまえ》 廾《にじゅうあし》 皿《さら》のつく漢字

### 覚えよう

**因**
音 イン　訓 (よ／る)
6画

**囲**
音 イ　訓 かこ／む・かこ／う
7画

**団**
音 ダン・(トン)　訓 —
6画

**弁**
音 ベン　訓 —
5画

**益**
音 エキ・(ヤク)　訓 —
10画

## 83 口《くにがまえ》 廾《にじゅうあし》 皿《さら》のつく漢字

### 解いてみよう（読み）

↓解答は次ページを参照

【　月　日／　　点（1問5点・100点満点）】

●次の――線を引いた漢字の読み方を書いてください。

① 自業《ごう》自得、因果応報
② ストレスが病気の一因だ
③ 原因と結果
④ 敗因の分析《せき》は勝利の近道
⑤ 周囲を見回す
⑥ 対戦相手を包囲した
⑦ こたつを囲む冬の夜
⑧ 城を堀《ほり》で囲う
⑨ 花より団子
⑩ 団体旅行に参加する

⑪ 団結して試合に勝った
⑫ 集団の強さと危《あや》うさ
⑬ 今日の昼食は弁当だ
⑭ 弁解の機会を与《あた》える
⑮ 欠席者の代弁をする
⑯ 熱弁をふるって主張する
⑰ ミツバチは益虫だ
⑱ 損益を計算する
⑲ 有益な習慣を付けよう
⑳ 利益が出るビジネス

# 84 口《くにがまえ》 廾《にじゅうあし》 皿《さら》 のつく漢字

## 解いてみよう（書き）

⬇解答は前ページを参照　［　月　日／　点（1問5点・100点満点）］

●読みがなに合う漢字（と送りがな）を書いてください。

①自業《ごう》自得、〔いんがおうほう〕

②ストレスが病気の〔いちいん〕だ

③〔げんいん〕と結果

④〔はいいん〕の分析《せき》は勝利の近道

⑤〔しゅうい〕を見回す

⑥対戦相手を〔ほうい〕した

⑦こたつを〔かこむ〕冬の夜

⑧城を堀《ほり》で〔かこう〕

⑨花より〔だんご〕

⑩〔だんたい〕旅行に参加する

⑪〔だんけつ〕して試合に勝った

⑫〔しゅうだん〕の強さと危《あや》うさ

⑬今日の昼食は〔べんとう〕だ

⑭〔べんかい〕の機会を与《あた》える

⑮欠席者の〔だいべん〕をする

⑯〔ねつべん〕をふるって主張する

⑰ミツバチは〔えきちゅう〕だ

⑱〔そんえき〕を計算する

⑲〔ゆうえき〕な習慣を付けよう

⑳〔りえき〕が出るビジネス

## 85 攵《ぼくづくり》 斤《おのづくり》 殳《ほこづくり》 のつく漢字

### 覚えよう

**救**
音 キュウ
訓 すく／う
11画

**故**
音 コ
訓 (ゆえ)
9画

**政**
音 セイ・(ショウ)
訓 (まつりごと)
9画

**断**
音 ダン
訓 ことわ／る・(た／つ)
11画

**殺**
音 サツ・(サイ)・(セツ)
訓 ころ／す
10画

# 86 攵《ぼくづくり》 斤《おのづくり》 殳《ほこづくり》 のつく漢字

## 解いてみよう（読み）

↓解答は次ページを参照

［　月　日／　点（1問5点・100点満点）］

● 次の——線を引いた漢字の読み方を書いてください。

① 行方《ゆくえ》不明者を救出した　（　　）
② けが人の救助に向かう　（　　）
③ 救急車が最優《ゆう》先だ　（　　）
④ 人命を救う活動　（　　）
⑤ 遠い故国を思い出す　（　　）
⑥ 故意に行ってはいない　（　　）
⑦ 故人の人柄《がら》をしのぶ　（　　）
⑧ 事故には気を付けよう　（　　）
⑨ 政治に期待して投票する　（　　）
⑩ 政府の方針《しん》表明　（　　）
⑪ 立法・行政・司法　（　　）
⑫ 失政で苦しむのは国民だ　（　　）
⑬ 伝統の断絶を防ぐ　（　　）
⑭ 横断歩道をわたる　（　　）
⑮ 判断する力を付ける　（　　）
⑯ 断る勇気も必要だ　（　　）
⑰ 殺意の有無《うむ》が問題だ　（　　）
⑱ 殺人は重罪だ　（　　）
⑲ 要人が暗殺された　（　　）
⑳ 息を殺して待つ　（　　）

# 87 攵《ぼくづくり》 斤《おのづくり》 殳《ほこづくり》 のつく漢字

## 解いてみよう（書き）

↓解答は前ページを参照　【　月　日／　点（1問5点・100点満点）】

● 読みがなに合う漢字（と送りがな）を書いてください。

① 行方《ゆくえ》不明者を〔　　〕《きゅうしゅつ》した

② けが人の〔　　〕《きゅうじょ》に向かう

③ 〔　　〕《きゅうきゅうしゃ》が最優《ゆう》先だ

④ 人命を〔　　〕《すくう》活動

⑤ 遠い〔　　〕《ここく》を思い出す

⑥ 〔　　〕《こい》に行ってはいない

⑦ 〔　　〕《こじん》の人柄《がら》をしのぶ

⑧ 〔　　〕《じこ》には気を付けよう

⑨ 〔　　〕《せいじ》に期待して投票する

⑩ 〔　　〕《せいふ》の方針《しん》表明

⑪ 立法・〔　　〕《ぎょうせい》・司法

⑫ 〔　　〕《しっせい》で苦しむのは国民だ

⑬ 伝統の〔　　〕《だんぜつ》を防ぐ

⑭ 〔　　〕《おうだん》歩道をわたる

⑮ 〔　　〕《はんだん》する力を付ける

⑯ 〔　　〕《ことわる》勇気も必要だ

⑰ 〔　　〕《さつい》の有無《うむ》が問題だ

⑱ 〔　　〕《さつじん》は重罪だ

⑲ 要人が〔　　〕《あんさつ》された

⑳ 息を〔　　〕《ころして》待つ

# 88 日《ひ》火《ひ・ひへん》のつく漢字

## 覚えよう

### 易

音 エキ・イ

訓 やさ／しい

8画

1 易 2 易 3 易 4 易 5 易 6 易 7 易 8 易

易

### 旧

音 キュウ

訓 ―

5画

1 旧 2 旧 3 旧 4 旧 5 旧

旧

### 暴

音 ボウ・(バク)

訓 あば／れる・(あば／く)

15画

1 2 暴 3~5 暴 6 7 暴 8 暴 9 暴 10 暴 11 暴 12 13 暴 14 15 暴

暴

### 災

音 サイ

訓 (わざわ／い)

7画

1 災 2 災 3 災 4 災 5 災 6 災 7 災

災

### 燃

音 ネン

訓 も／える・も／やす・も／す

16画

1 2 燃 3 4 燃 5 燃 6 燃 7 8 燃 9~11 燃 12 燃 13 燃 14~16 燃

燃

# 89 日《ひ》 火《ひ・ひへん》 のつく漢字

## 解いてみよう（読み）

↓解答は次ページを参照

［　月　日／　点（1問5点・100点満点）］

●次の——線を引いた漢字の読み方を書いてください。

① 世界貿易機関（WTO）（　　）
② 容易に問題を解く（　　）
③ 安易に考えてはだめだ（　　）
④ 漢字の易しい問題（　　）
⑤ 母の旧友からの手紙（　　）
⑥ 父の旧知の友人（　　）
⑦ 新旧の電車が並《なら》んだ（　　）
⑧ 流された橋が復旧した（　　）
⑨ 暴走した自動車（　　）
⑩ 暴力では問題は解決しない（　　）

⑪ 外国で暴動が起こった（　　）
⑫ 釣《つ》った魚が暴れる（　　）
⑬ 春先は火災が多い（　　）
⑭ 防災訓練をする（　　）
⑮ 天災は忘《わす》れた頃《ころ》にやってくる（　　）
⑯ 自然災害は恐《おそ》ろしい（　　）
⑰ スキャンダルが再燃した（　　）
⑱ 化石燃料の消費を減らす（　　）
⑲ この車は燃費がいい（　　）
⑳ 君は逆境に燃えるタイプかな（　　）

# 日《ひ》 火《ひ・ひへん》のつく漢字　解いてみよう（書き）

↓解答は前ページを参照

〔　月　日／　点（1問5点・100点満点）〕

● 読みがなに合う漢字（と送りがな）を書いてください。

① 世界〔ぼうえき〕機関（WTO）
② 〔ようい〕に問題を解く
③ 〔あんい〕に考えてはだめだ
④ 漢字の〔やさしい〕問題
⑤ 母の〔きゅうゆう〕からの手紙
⑥ 父の〔きゅうち〕の友人
⑦ 〔しんきゅう〕の電車が並《なら》んだ
⑧ 流された橋が〔ふっきゅう〕した
⑨ 〔ぼうそう〕した自動車
⑩ 〔ぼうりょく〕では問題は解決しない

⑪ 外国で〔ぼうどう〕が起こった
⑫ 釣《つ》った魚が〔あばれる〕
⑬ 春先は〔かさい〕が多い
⑭ 〔ぼうさい〕訓練をする
⑮ 〔てんさい〕は忘《わす》れた頃《ころ》にやってくる
⑯ 自然〔さいがい〕は恐《おそ》ろしい
⑰ スキャンダルが〔さいねん〕した
⑱ 化石〔ねんりょう〕の消費を減らす
⑲ この車は〔ねんぴ〕がいい
⑳ 君は逆境に〔もえる〕タイプかな

## 91 女《おんな・おんなへん》 田《た》 耒《すきへん》 のつく漢字

覚えよう

### 妻

8画

音 サイ

訓 つま

妻

### 婦

11画

音 フ

訓 ―

婦

### 留

10画

音 リュウ・ル

訓 と／める・と／まる

留

### 略

11画

音 リャク

訓 ―

略

### 耕

10画

音 コウ

訓 たがや／す

耕

# 92 女《おんな・おんなへん》 田《た》 耒《すきへん》 のつく漢字

## 解いてみよう（読み）

↓解答は次ページを参照

【　月　日／　点（1問5点・100点満点）】

● 次の――線を引いた漢字の読み方を書いてください。

① 科学者のキュリー夫妻（　）
② 妻子を大切にする（　）
③ 愛妻家と言われる先生（　）
④ 仲のよい夫と妻（　）
⑤ 婦人服を買いに行く（　）
⑥ 夫婦で助けあう（　）
⑦ 祖母は専《せん》業主婦だった（　）
⑧ 新郎《ろう》新婦の入場です（　）
⑨ 留守番を引き受けた（　）
⑩ その問題は保留にしよう（　）
⑪ 停留所でバスを待つ（　）
⑫ 気に留めてくれていた（　）
⑬ 現代では略語が流行する（　）
⑭ 学校までの経路の略図（　）
⑮ あいさつは省略します（　）
⑯ 「前略」から始まる手紙（　）
⑰ トラクターによる耕作（　）
⑱ 広々とした耕地（　）
⑲ 小麦の農耕地帯（　）
⑳ 田んぼを耕す（　）

## 93 女《おんな・おんなへん》 田《た》 耒《すきへん》 のつく漢字

## 解いてみよう（書き）

↓解答は前ページを参照

〔　月　日／　点（1問5点・100点満点）〕

●読みがなに合う漢字（と送りがな）を書いてください。

① 科学者のキュリー〔ふさい〕

② 〔さいし〕を大切にする

③ 〔あいさい〕家と言われる先生

④ 仲のよい夫と〔つま〕

⑤ 〔ふじん〕服を買いに行く

⑥ 〔ふうふ〕で助けあう

⑦ 祖母は専《せん》業〔しゅふ〕だった

⑧ 新郎《ろう》〔しんぷ〕の入場です

⑨ 〔るすばん〕を引き受けた

⑩ その問題は〔ほりゅう〕にしよう

⑪ 〔ていりゅうじょ〕でバスを待つ

⑫ 気に〔とめて〕くれていた

⑬ 現代では〔りゃくご〕が流行する

⑭ 学校までの経路の〔りゃくず〕

⑮ あいさつは〔しょうりゃく〕します

⑯ 「〔ぜんりゃく〕」から始まる手紙

⑰ トラクターによる〔こうさく〕

⑱ 広々とした〔こうち〕

⑲ 小麦の〔のうこう〕地帯

⑳ 田んぼを〔たがやす〕

## 94

## 示《しめす》 礻《しめすへん》 金《かねへん》のつく漢字

覚えよう

### 禁
音 キン　訓 ―
13画

### 示
音 ジ・(シ)　訓 しめ/す
5画

### 祖
音 ソ　訓 ―
9画

### 鉱
音 コウ　訓 ―
13画

### 銅
音 ドウ　訓 ―
14画

# 95 示《しめす》 ネ《しめすへん》 金《かねへん》 のつく漢字

## 解いてみよう（読み）

⬇解答は次ページを参照

【　月　日／　点（1問5点・100点満点）】

●次の——線を引いた漢字の読み方を書いてください。

①横断禁止の標識（　　）

②禁断の地に入る（　　）

③アユ釣《つ》りが解禁になった（　　）

④禁じられた遊び（　　）

⑤先生の指示に従《したが》う（　　）

⑥条件を提示する（　　）

⑦衆《しゅう》議院選挙の公示（　　）

⑧方角を指し示す（　　）

⑨友人の祖国はブラジルだ（　　）

⑩シャカは仏教の開祖だ（　　）

⑪鳥の祖先の化石（　　）

⑫先祖の恩《おん》に感謝する（　　）

⑬ダイヤモンドの鉱山（　　）

⑭いろいろな鉱物の標本（　　）

⑮オーストラリアの鉄鉱石（　　）

⑯北海道や九州の炭鉱（　　）

⑰金貨・銀貨・銅貨（　　）

⑱銅線は電気を通しやすい（　　）

⑲青銅器時代と鉄器時代（　　）

⑳初代校長先生の銅像（　　）

96

# 示《しめす》 礻《しめすへん》 金《かねへん》のつく漢字

## 解いてみよう（書き）

⬇解答は前ページを参照

〔　月　日／　点（1問5点・100点満点）〕

●読みがなに合う漢字（と送りがな）を書いてください。

①横断〔きんし〕の標識

②〔きんだん〕の地に入る

③アユ釣《つ》りが〔かいきん〕になった

④〔きんじられた〕遊び

⑤先生の〔しじ〕に従《したが》う

⑥条件を〔ていじ〕する

⑦衆《しゅう》議院選挙の〔こうじ〕

⑧方角を指し〔しめす〕

⑨友人の〔そこく〕はブラジルだ

⑩シャカは仏教の〔かいそ〕だ

⑪鳥の〔そせん〕の化石

⑫〔せんぞ〕の恩《おん》に感謝する

⑬ダイヤモンドの〔こうざん〕

⑭いろいろな〔こうぶつ〕の標本

⑮オーストラリアの〔てっこうせき〕

⑯北海道や九州の〔たんこう〕

⑰金貨・銀貨・〔どうか〕

⑱〔どうせん〕は電気を通しやすい

⑲〔せいどうき〕時代と鉄器時代

⑳初代校長先生の〔どうぞう〕

## 97 犬《いぬ》 犭《けものへん》 豕《ぶた》 豆《まめ》 のつく漢字

### 覚えよう

**状**
音 ジョウ
訓 ―
7画

**独**
音 ドク
訓 ひと／り
9画

**犯**
音 ハン
訓 (おか／す)
5画

**象**
音 ゾウ・ショウ
訓 ―
12画

**豊**
音 ホウ
訓 ゆた／か
13画

## 98 犬《いぬ》 犭《けものへん》 豕《ぶた》 豆《まめ》 のつく漢字

## 解いてみよう（読み）

↓解答は次ページを参照

［　月　日／　点（1問5点・100点満点）］

● 次の――線を引いた漢字の読み方を書いてください。

① 当時の状態を再現する
② 協力して現状を打開する
③ 金賞の賞状をもらう
④ 病状が回復した
⑤ 英語を独学で勉強した
⑥ ドイツ語を独語とも書く
⑦ 山では単独で行動しない
⑧ 独り言《ごと》を言う
⑨ 犯人は発見された
⑩ 犯行現場での検証
⑪ 犯罪の動機を調べる
⑫ 防犯のためカギをかける
⑬ 陸上最大動物のアフリカ象
⑭ 気象が変化する
⑮ 印象に残るさわやかさ
⑯ 主人公の心象を考える
⑰ 今年は米が豊作だ
⑱ おまけにサンマも豊漁だ
⑲ 豊富な人生経験
⑳ 豊かな自然を持つ日本

# 99 犬《いぬ》 犭《けものへん》 豕《ぶた》 豆《まめ》 のつく漢字

## 解いてみよう（書き）

⬇解答は前ページを参照

［　月　日／　点（1問5点・100点満点）］

●読みがなに合う漢字（と送りがな）を書いてください。

① 当時の〔　　〕《じょうたい》を再現する
② 協力して〔　　〕《げんじょう》を打開する
③ 金賞の〔　　〕《しょうじょう》をもらう
④ 〔　　〕《びょうじょう》が回復した
⑤ 英語を〔　　〕《どくがく》で勉強した
⑥ ドイツ語を〔　　〕《どくご》とも書く
⑦ 山では〔　　〕《たんどく》で行動しない
⑧ 〔　　〕《ひとり》言《ごと》を言う
⑨ 〔　　〕《はんにん》は発見された
⑩ 〔　　〕《はんこう》現場での検証

⑪ 〔　　〕《はんざい》の動機を調べる
⑫ 〔　　〕《ぼうはん》のためカギをかける
⑬ 陸上最大動物のアフリカ〔　　〕《ぞう》
⑭ 〔　　〕《きしょう》が変化する
⑮ 〔　　〕《いんしょう》に残るさわやかさ
⑯ 主人公の〔　　〕《しんしょう》を考える
⑰ 今年は米が〔　　〕《ほうさく》だ
⑱ おまけにサンマも〔　　〕《ほうりょう》だ
⑲ 〔　　〕《ほうふ》な人生経験
⑳ 〔　　〕《ゆたか》な自然を持つ日本

## 100 頁《おおがい》 衣《ころも》 衤《ころもへん》 毋《なかれ》 のつく漢字

### 覚えよう

**額**
音 ガク
訓 ひたい
18画

**領**
音 リョウ
訓 ―
14画

**製**
音 セイ
訓 ―
14画

**複**
音 フク
訓 ―
14画

**毒**
音 ドク
訓 ―
8画

# 101 頁《おおがい》 衣《ころも》 衤《ころもへん》 毋《なかれ》 のつく漢字

## 解いてみよう（読み）

↓解答は次ページを参照

［　月　日／　点（1問5点・100点満点）］

●次の――線を引いた漢字の読み方を書いてください。

① 正しい金額を表示する（　　）
② 定額制の動画サイト（　　）
③ 残額を計算する（　　）
④ 額に汗《あせ》して働く（　　）
⑤ 日本の領海は広い（　　）
⑥ アメリカ合衆《しゅう》国大統領選挙（　　）
⑦ 得意分野で本領を発揮《き》する（　　）
⑧ 未解決の領土問題（　　）
⑨ 日本の製品は人気がある（　　）
⑩ 製造業が盛《さか》んな国（　　）

⑪ 木製の仏像（　　）
⑫ 特製ランチを注文する（　　）
⑬ 複合的な原因（　　）
⑭ 複数の人間が関わった（　　）
⑮ 複雑な形のリアス海岸（　　）
⑯ 鉄道の複線区間（　　）
⑰ 気体の塩素は毒性が強い（　　）
⑱ フグは有毒な魚だ（　　）
⑲ うがいと消毒をする（　　）
⑳ けがをした兄が気の毒だ（　　）

## 102 頁《おおがい》 衣《ころも》 衤《ころもへん》 毋《なかれ》 のつく漢字

## 解いてみよう（書き）

↓解答は前ページを参照

［　月　日／　点（1問5点・100点満点）］

●読みがなに合う漢字（と送りがな）を書いてください。

① 正しい〔きんがく〕を表示する
② 〔ていがく〕制の動画サイト
③ 〔ざんがく〕を計算する
④ 〔ひたい〕に汗《あせ》して働く
⑤ 日本の〔りょうかい〕は広い
⑥ アメリカ合衆《しゅう》国〔だいとうりょう〕選挙
⑦ 得意分野で〔ほんりょう〕を発揮《き》する
⑧ 未解決の〔りょうど〕問題
⑨ 日本の〔せいひん〕は人気がある
⑩ 〔せいぞうぎょう〕が盛《さか》んな国

⑪ 〔もくせい〕の仏像
⑫ 〔とくせい〕ランチを注文する
⑬ 〔ふくごう〕的な原因
⑭ 〔ふくすう〕の人間が関わった
⑮ 〔ふくざつ〕な形のリアス海岸
⑯ 鉄道の〔ふくせん〕区間
⑰ 気体の塩素は〔どくせい〕が強い
⑱ フグは〔ゆうどく〕な魚だ
⑲ うがいと〔しょうどく〕をする
⑳ けがをした兄が〔きのどく〕だ

# 103 巾《はば》目《めへん》耳《みみへん》のつく漢字

## 覚えよう

## 師

10画

音 シ

訓 —

## 常

11画

音 ジョウ

訓 つね・(とこ)

## 布

5画

音 フ

訓 ぬの

## 眼

11画

音 ガン・(ゲン)

訓 (まなこ)

## 職

18画

音 ショク

訓 —

# 104 巾《はば》 目《めへん》 耳《みみへん》 のつく漢字

## 解いてみよう（読み）

↓解答は次ページを参照

［　月　日／　点（1問5点・100点満点）］

●次の――線を引いた漢字の読み方を書いてください。

①国語の教師になりたい〔　〕

②柔《じゅう》道の達人に師事した〔　〕

③医師の国家試験〔　〕

④海のことは漁師に問え〔　〕

⑤常温で保存《ぞん》できます〔　〕

⑥古い常識を疑《うたが》う〔　〕

⑦体温も血圧も正常だ〔　〕

⑧不自由を常と思えば不足なし〔　〕

⑨広い地域《いき》に分布する〔　〕

⑩資料を配布する〔　〕

⑪ひざに毛布をかける〔　〕

⑫布に穴が開いた〔　〕

⑬眼下に広がる風景〔　〕

⑭着眼点のいい研究〔　〕

⑮眼科で目の検査をした〔　〕

⑯肉眼では見えない星〔　〕

⑰どんな職業も尊《とうと》い〔　〕

⑱職人による細かい仕事〔　〕

⑲学校の職員室〔　〕

⑳病気で会社を休職した〔　〕

# 105 巾《はば》 目《めへん》 耳《みみへん》 のつく漢字

## 解いてみよう（書き）

➡解答は前ページを参照

［　月　日／　点（1問5点・100点満点）］

● 読みがなに合う漢字（と送りがな）を書いてください。

① 国語の〔きょうし〕になりたい

② 柔《じゅう》道の達人に〔ししじ〕した

③ 〔いし〕の国家試験

④ 海のことは〔りょうし〕に問え

⑤ 〔じょうおん〕で保存《ぞん》できます

⑥ 古い〔じょうしき〕を疑《うたが》う

⑦ 体温も血圧も〔せいじょう〕だ

⑧ 不自由を〔つね〕と思えば不足なし

⑨ 広い地域《いき》に〔ぶんぷ〕する

⑩ 資料を〔はいふ〕する

⑪ ひざに〔もうふ〕をかける

⑫ 〔ぬの〕に穴が開いた

⑬ 〔がんか〕に広がる風景

⑭ 〔ちゃくがんてん〕のいい研究

⑮ 〔がんか〕で目の検査をした

⑯ 〔にくがん〕では見えない星

⑰ どんな〔しょくぎょう〕も尊《とうと》い

⑱ 〔しょくにん〕による細かい仕事

⑲ 学校の〔しょくいんしつ〕

⑳ 病気で会社を〔きゅうしょく〕した

# 106 行《ぎょうがまえ》 角《つのへん》 車《くるまへん》 のつく漢字

## 覚えよう

### 衛

音 エイ　訓 —

16画

1〜3 衛　4 衛　5 衛　6 衛　7〜9 衛　10 衛　11 衛　12 衛　13 衛　14〜16 衛

衛

### 術

音 ジュツ　訓 —

11画

1〜3 術　4 術　5 術　6 術　7 術　8 術　9 術　10 術　11 術

術

### 解

音 カイ・(ゲ)　訓 と/く・と/かす・と/ける

13画

1 解　2 解　3 解　4 解　5 解　6 解　7 解　8 解　9 解　10 解　11 解　12 解　13 解

解

### 輸

音 ユ　訓 —

16画

1〜3 輸　4〜6 輸　7 輸　8 輸　9 輸　10 輸　11 輸　12 輸　13 輸　14 輸　15 輸　16 輸

輸

## 107 行《ぎょうがまえ》 角《つのへん》 車《くるまへん》のつく漢字

## 解いてみよう（読み）

↓解答は次ページを参照

〔　月　日／　点（1問5点・100点満点）〕

● 次の——線を引いた漢字の読み方を書いてください。

①衛生面に気を配る

②月は地球の衛星だ

③自衛隊が出動した

④タイトルを防衛したボクサー

⑤バレーボールの前衛

⑥術後の状態は良好だ

⑦美術館の展《てん》示を見る

⑧科学技術は日本の力

⑨芸術は長く人生は短い

⑩病院で手術を受けた

⑪問題は解決した

⑫首相が国会を解散した

⑬わかるように解説してくれ

⑭それを聞いて理解ができた

⑮漢字の問題を解く

⑯荷物を輸送する

⑰石油と食物を輸入する

⑱機械と自動車を輸出する

⑲輸血が必要な手術

⑳武器の材料を禁輸した

# 108 行《ぎょうがまえ》 角《つのへん》 車《くるまへん》のつく漢字

## 解いてみよう（書き）

↓解答は前ページを参照　〔　月　日／　点（1問5点・100点満点）〕

● 読みがなに合う漢字（と送りがな）を書いてください。

① 〔えいせい〕面に気を配る

② 月は地球の〔えいせい〕だ

③ 〔じえいたい〕が出動した

④ タイトルを〔ぼうえい〕したボクサー

⑤ バレーボールの〔ぜんえい〕

⑥ 〔じゅつご〕の状態は良好だ

⑦ 〔びじゅつかん〕の展《てん》示を見る

⑧ 科学〔ぎじゅつ〕は日本の力

⑨ 〔げいじゅつ〕は長く人生は短い

⑩ 病院で〔しゅじゅつ〕を受けた

⑪ 問題は〔かいけつ〕した

⑫ 首相が国会を〔かいさん〕した

⑬ わかるように〔かいせつ〕してくれ

⑭ それを聞いて〔りかい〕ができた

⑮ 漢字の問題を〔とく〕

⑯ 荷物を〔ゆそう〕する

⑰ 石油と食物を〔ゆにゅう〕する

⑱ 機械と自動車を〔ゆしゅつ〕する

⑲ 〔ゆけつ〕が必要な手術

⑳ 武器の材料を〔きんゆ〕した

## 109 止《とめる》干《かん》見《みる》のつく漢字 覚えよう

### 武

8画

音 ブ・ム

訓 ―

武

### 歴

14画

音 レキ

訓 ―

歴

### 幹

13画

音 カン

訓 みき

幹

### 規

11画

音 キ

訓 ―

規

# 110 止《とめる》干《かん》見《みる》のつく漢字

## 解いてみよう（読み）

↓解答は次ページを参照

〔　月　日／　点（1問5点・100点満点）〕

● 次の——線を引いた漢字の読み方を書いてください。

① 武力ではなく外交で解決
② 武士が始めた幕《ばく》府政治
③ 小説「武器よさらば」
④ 武道館を満員にする
⑤ 若《わか》武者の晴れ姿《すがた》
⑥ 歴史は繰《く》り返す
⑦ 歴戦の勇士
⑧ 母の最終学歴は大卒だ
⑨ 職務経歴書を書く
⑩ 著《ちょ》者の略歴
⑪ パーティーの幹事を務める
⑫ 新幹線の開業は１９６４年
⑬ 組織の幹部になる
⑭ 製品の根幹をなす技術
⑮ 太い木の幹
⑯ 日本工業規格（ＪＩＳ）
⑰ 規則を守って行動する
⑱ 法規に則《のっと》って運営する
⑲ 台風による交通規制
⑳ 三角定規と分度器

## 111 止《とめる》干《かん》見《みる》のつく漢字

## 解いてみよう（書き）

↓解答は前ページを参照

［　月　日／　点（1問5点・100点満点）］

● 読みがなに合う漢字（と送りがな）を書いてください。

① 〔　〕《ぶりょく》ではなく外交で解決
② 〔　〕《ぶし》が始めた幕《ばく》府政治
③ 小説「〔　〕《ぶき》よさらば」
④ 〔　〕《ぶどうかん》を満員にする
⑤ 若《わか》〔　〕《むしゃ》の晴れ姿《すがた》
⑥ 〔　〕《れきし》は繰《く》り返す
⑦ 〔　〕《れきせん》の勇士
⑧ 母の最終〔　〕《がくれき》は大卒だ
⑨ 職務〔　〕《けいれき》書を書く
⑩ 著《ちょ》者の〔　〕《りゃくれき》
⑪ パーティーの〔　〕《かんじ》を務める
⑫ 〔　〕《しんかんせん》の開業は１９６４年
⑬ 組織の〔　〕《かんぶ》になる
⑭ 製品の〔　〕《こんかん》をなす技術
⑮ 太い木の〔　〕《みき》
⑯ 日本工業〔　〕《きかく》（ＪＩＳ）
⑰ 〔　〕《きそく》を守って行動する
⑱ 〔　〕《ほうき》に則《のっと》って運営する
⑲ 台風による交通〔　〕《きせい》
⑳ 三角〔　〕《じょうぎ》と分度器

## 112 米《こめへん》弓《ゆみへん》食《しょくへん》のつく漢字

覚えよう

### 精

音 セイ・(ショウ)　訓 —

14画

### 粉

音 フン　訓 こ・こな

10画

### 張

音 チョウ　訓 は/る

11画

### 飼

音 シ　訓 か/う

13画

# 113 米《こめへん》 弓《ゆみへん》 食《しょくへん》 のつく漢字

## 解いてみよう（読み）

⬇解答は次ページを参照　［　月　日／　点（1問5点・70点満点）］

●次の——線を引いた漢字の読み方を書いてください。

① 精度の高いデータ［　　］
② 卵《らん》子と精子［　　］
③ 受精したメダカの卵《たまご》［　　］
④ 精神を集中する［　　］
⑤ 粉末状のかぜ薬［　　］
⑥ スギの花粉が飛ぶ［　　］
⑦ パン粉を使った料理［　　］
⑧ 粉雪が舞《ま》うクリスマス［　　］
⑨ あなたの主張は正しい［　　］
⑩ 父が海外に出張した［　　］
⑪ ぴんと張った糸［　　］
⑫ 牧場で牛を飼育する［　　］
⑬ 家畜《ちく》のための飼料［　　］
⑭ 学校でウサギを飼う［　　］

# 114 米《こめへん》 弓《ゆみへん》 食《しょくへん》のつく漢字

## 解いてみよう（書き）

⬇解答は前ページを参照　〔　月　日／　点（1問5点・70点満点）〕

●読みがなに合う漢字（と送りがな）を書いてください。

①〔せいど〕の高いデータ

②卵《らん》子と〔せいし〕

③〔じゅせい〕したメダカの卵《たまご》

④〔せいしん〕を集中する

⑤〔ふんまつ〕状のかぜ薬

⑥スギの〔かふん〕が飛ぶ

⑦パン〔こ〕を使った料理

⑧〔こなゆき〕が舞《ま》うクリスマス

⑨あなたの〔しゅちょう〕は正しい

⑩父が海外に〔しゅっちょう〕した

⑪ぴんと〔はった〕糸

⑫牧場で牛を〔しいく〕する

⑬家畜《ちく》のための〔しりょう〕

⑭学校でウサギを〔かう〕

115

# 王《おうへん》 舟《ふねへん》 酉《とりへん》 片《かたへん》 のつく漢字

## 覚えよう

### 現

音 ゲン
訓 あらわ／れる・あらわ／す
11画

1 2 現 3 4 現 5 現 6 現 7 現 8 現 9 現 10 現 11 現

現

### 航

音 コウ
訓 —
10画

1 航 2 航 3 航 4 航 5 航 6 航 7 8 航 9 航 10 航

航

### 酸

音 サン
訓 （す／い）
14画

1 酸 2 3 酸 4 酸 5 酸 6 7 酸 8 9 酸 10 11 酸 12 酸 13 14 酸

酸

### 版

音 ハン
訓 —
8画

1 版 2 版 3 版 4 版 5 版 6 版 7 版 8 版

版

# 116 王《おうへん》 舟《ふねへん》 酉《とりへん》 片《かたへん》 のつく漢字

## 解いてみよう（読み）

⬇解答は次ページを参照

【　月　日／　点　（1問5点・90点満点）】

● 次の――線を引いた漢字の読み方を書いてください。

① 現金と電子マネー
② 現在は未来につながる
③ 情熱にあふれた表現
④ ゾンビが出現した
⑤ ついにラスボスが現れた
⑥ マゼランの大航海
⑦ 航空機のエンジン音
⑧ 時間通りに運航中だ
⑨ 強風のため欠航します
⑩ 安全に航行する
⑪ 酸性とアルカリ性
⑫ 酸化した金属
⑬ 水は酸素と水素の化合物だ
⑭ 炭酸飲料を飲む
⑮ 注意して塩酸を扱う
⑯ 浮《うき》世絵の版木
⑰ 小説を出版する
⑱ 有名な版画作家

## 117　王《おうへん》 舟《ふねへん》 酉《とりへん》 片《かたへん》のつく漢字

## 解いてみよう（書き）

↓解答は前ページを参照

〔　月　日／　点（1問5点・90点満点）〕

●読みがなに合う漢字（と送りがな）を書いてください。

①〔げんきん〕と電子マネー
②〔げんざい〕は未来につながる
③情熱にあふれた〔ひょうげん〕
④ゾンビが〔しゅつげん〕した
⑤ついにラスボスが〔あらわれた〕
⑥マゼランの大〔こうかい〕
⑦〔こうくうき〕のエンジン音
⑧時間通りに〔うんこう〕中だ
⑨強風のため〔けっこう〕します
⑩安全に〔こうこう〕する

⑪〔さんせい〕とアルカリ性
⑫〔さんか〕した金属
⑬水は〔さんそ〕と水素の化合物だ
⑭〔たんさん〕飲料を飲む
⑮注意して〔えんさん〕を扱う
⑯浮《うき》世絵の〔はんぎ〕
⑰小説を〔しゅっぱん〕する
⑱有名な〔はんが〕作家

## 118 羊《ひつじ》 臼《うす》 隹《ふるとり》 士《さむらい》 のつく漢字

### 覚えよう

**義**
音 ギ
訓 —
13画

**興**
音 コウ・キョウ
訓 (おこ/る)・(おこ/す)
16画

**雑**
音 ザツ・ゾウ
訓 —
14画

**士**
音 シ
訓 —
3画

# 119 羊《ひつじ》臼《うす》隹《ふるとり》士《さむらい》のつく漢字

## 解いてみよう（読み）

↓解答は次ページを参照

【　月　日／　　点（1問5点・100点満点）】

●次の――線を引いた漢字の読み方を書いてください。

①義務と権《けん》利〔　　〕
②義理と人情に厚い〔　　〕
③白の対義語は黒〔　　〕
④社会的に意義のある事業〔　　〕
⑤正義と秩《ちつ》序を基調とする〔　　〕
⑥資本主義の功罪〔　　〕
⑦漢字のなりたちに興味を持つ〔　　〕
⑧災害からの復興をとげる〔　　〕
⑨結婚《こん》式の余興で歌う〔　　〕
⑩オンラインゲームに興じる〔　　〕

⑪雑音はノイズとも言われる〔　　〕
⑫雑草のようにたくましい〔　　〕
⑬駅のホームが混雑する〔　　〕
⑭複雑なつくりの機械〔　　〕
⑮雑木林を歩く〔　　〕
⑯チームの士気が高い〔　　〕
⑰力士の土俵《ひょう》入り〔　　〕
⑱征《せい》夷《い》大将軍は武士のリーダー〔　　〕
⑲兵士が戦場に行った〔　　〕
⑳文学の博士になる〔　　〕

# 120 羊《ひつじ》 臼《うす》 隹《ふるとり》 士《さむらい》 のつく漢字

## 解いてみよう（書き）

↓解答は前ページを参照　〔　月　日／　点（1問5点・100点満点）〕

● 読みがなに合う漢字（と送りがな）を書いてください。

① 〔ぎむ〕と権《けん》利

② 〔ぎり〕と人情に厚い

③ 白の〔たいぎご〕は黒

④ 社会的に〔いぎ〕のある事業

⑤ 〔せいぎ〕と秩《ちつ》序を基調とする

⑥ 資本〔しゅぎ〕の功罪

⑦ 漢字のなりたちに〔きょうみ〕を持つ

⑧ 災害からの〔ふっこう〕をとげる

⑨ 結婚《こん》式の〔よきょう〕で歌う

⑩ オンラインゲームに〔きょう〕じる

⑪ 〔ざつおん〕はノイズとも言われる

⑫ 〔ざっそう〕のようにたくましい

⑬ 駅のホームが〔こんざつ〕する

⑭ 〔ふくざつ〕なつくりの機械

⑮ 〔ぞうきばやし〕を歩く

⑯ チームの〔しき〕が高い

⑰ 〔りきし〕の土俵《ひょう》入り

⑱ 征《せい》夷《い》大将軍は〔ぶし〕のリーダー

⑲ 〔へいし〕が戦場に行った

⑳ 文学の〔はくし（※はかせ）〕になる

## 121 支《し》玄《げん》非《あらず》のつく漢字

### 覚えよう

### 支

音　シ

訓　ささ／える

4画

### 率

音　リツ・（ソツ）

訓　ひき／いる

11画

### 非

音　ヒ

訓　―

8画

122

# 支《し》玄《げん》非《あらず》のつく漢字　解いてみよう（読み）

↓解答は次ページを参照　［　月　日／　点（1問5点・50点満点）］

●次の――線を引いた漢字の読み方を書いてください。

①支点・力点・作用点　（　　）
②となりの県に支店を出す　（　　）
③大国の支配から独立する　（　　）
④人は支え合って生きている　（　　）
⑤比率を計算する　（　　）
⑥能率のいい仕事ぶり　（　　）
⑦成功する確率は高い　（　　）
⑧東軍を率いた徳川家康《とくがわいえやす》　（　　）
⑨非常事態が発生しました　（　　）
⑩非公式に訪《ほう》問する　（　　）

# 123 支《し》 玄《げん》 非《あらず》のつく漢字

## 解いてみよう（書き）

↓解答は前ページを参照　〔　月　日／　点（1問5点・50点満点）〕

●読みがなに合う漢字（と送りがな）を書いてください。

①〔　　〕《してん》・力点・作用点

②となりの県に〔　　〕《してん》を出す

③大国の〔　　〕《しはい》から独立する

④人は〔　　〕《ささえ》合って生きている

⑤〔　　〕《ひりつ》を計算する

⑥〔　　〕《のうりつ》のいい仕事ぶり

⑦成功する〔　　〕《かくりつ》は高い

⑧東軍を〔　　〕《ひきいた》徳川家康《とくがわいえやす》

⑨〔　　〕《ひじょう》事態が発生しました

⑩〔　　〕《ひこうしき》に訪《ほう》問する

# 第3章

# 小学校4年で習った漢字

愛案以衣位茨印英栄媛塩岡
億加果貨課芽賀改械害街各
覚潟完官管関観願岐希季旗
器機議求泣給挙漁共協鏡競
極熊訓軍郡群径景芸欠結建
健験固功好香候康佐差菜最
埼材崎昨札刷察参産散残氏
司試児治滋辞鹿失借種周祝
順初松笑唱焼照城縄臣信井

成省清静席積折節説浅戦選
然争倉巣束側続卒孫帯隊達
単置仲沖兆低底的典伝徒努
灯働特徳栃奈梨熱念敗梅博
阪飯飛必票標不夫付府阜富
副兵別辺変便包法望牧末満
未民無約勇要養浴利陸良料
量輪類令冷例連老労録

（202字）

# 第4章

# 小4の漢字を復習しよう

## 1 小4で習った漢字 その①

# 解いてみよう（読み）

↓解答は次ページを参照　［　　月　　日／　　点（1問5点・100点満点）］

● 次の——線を引いた漢字の読み方を書いてください。

① 愛用しているカバン（　　）
② 案ずるより産むがやすし（　　）
③ 十八才以上が成年です（　　）
④ 衣食住は生活の柱だ（　　）
⑤ 自分の位置を確かめる（　　）
⑥ 茨城県はレンコンの産地だ（　　）
⑦ さわやかな印象の笑顔（　　）
⑧ 英語を公用語とする国は多い（　　）
⑨ あなたに会えて光栄です（　　）
⑩ 愛媛県はかんきつ類の産地だ（　　）

⑪ 食塩の量を調節する（　　）
⑫ 岡山県は白桃《はくとう》の産地だ（　　）
⑬ 日本の人口は一億人以上だ（　　）
⑭ 加熱して消毒する（　　）
⑮ 原因が結果をつくる（　　）
⑯ 貨物を載《の》せた船（　　）
⑰ 漢字の学習を日課にする（　　）
⑱ 水・空気・適温が発芽に必要（　　）
⑲ もらってうれしい年賀状（　　）
⑳ 読みやすく改行する（　　）

## 2 小4で習った漢字 その①

## 解いてみよう（書き）

↓解答は前ページを参照

〔　月　日／　点（1問5点・100点満点）〕

● 読みがなに合う漢字（と送りがな）を書いてください。

① 〔あいよう〕しているカバン

② 〔あん〕ずるより産むがやすし

③ 十八才〔いじょう〕が成年です

④ 〔いしょくじゅう〕は生活の柱だ

⑤ 自分の〔いち〕を確かめる

⑥ 〔いばらきけん〕はレンコンの産地だ

⑦ さわやかな〔いんしょう〕の笑顔

⑧ 〔えいご〕を公用語とする国は多い

⑨ あなたに会えて〔こうえい〕です

⑩ 〔えひめけん〕はかんきつ類の産地だ

⑪ 〔しょくえん〕の量を調節する

⑫ 〔おかやまけん〕は白桃《はくとう》の産地だ

⑬ 日本の人口は〔いちおくにん〕以上だ

⑭ 〔かねつ〕して消毒する

⑮ 原因が〔けっか〕をつくる

⑯ 〔かもつ〕を載《の》せた船

⑰ 漢字の学習を〔にっか〕にする

⑱ 水・空気・適温が〔はつが〕に必要

⑲ もらってうれしい〔ねんがじょう〕

⑳ 読みやすく〔かいぎょう〕する

## 3 小4で習った漢字 その②

# 解いてみよう（読み）

⬇解答は次ページを参照

［　月　日／　　点（1問5点・100点満点）］

●次の――線を引いた漢字の読み方を書いてください。

①工作機械を輸出する（　　　）

②公害の発生が減少した（　　　）

③街頭での募《ぼ》金活動（　　　）

④昼食は各自で用意すること（　　　）

⑤自分の感覚を信じる（　　　）

⑥新潟県はお米の産地だ（　　　）

⑦小四の漢字は完全に覚えた（　　　）

⑧政府の高官（　　　）

⑨しっかりと自己《こ》管理ができる（　　　）

⑩社会の動きに関心を持つ（　　　）

⑪先入観を持たずにものを見る（　　　）

⑫七夕《たなばた》のたんざくに願いを書く（　　　）

⑬岐阜県は刃《は》物の生産地だ（　　　）

⑭君たちが未来の希望だ（　　　）

⑮日本には四季がある（　　　）

⑯世界の国の国旗（　　　）

⑰課題を器用にこなす（　　　）

⑱議会制民主主義（　　　）

⑲三角形の面積の求めかた（　　　）

⑳一銭《せん》を笑う者は一銭に泣く（　　　）

# 4 小4で習った漢字 その②

# 解いてみよう（書き）

↓解答は前ページを参照

〔　月　日／　点（1問5点・100点満点）〕

●読みがなに合う漢字（と送りがな）を書いてください。

①工作〔　〕《きかい》を輸出する

②〔　〕《こうがい》の発生が減少した

③〔　〕《がいとう》での募《ぼ》金活動

④昼食は〔　〕《かくじ》で用意すること

⑤自分の〔　〕《かんかく》を信じる

⑥〔　〕《にいがたけん》はお米の産地だ

⑦小四の漢字は〔　〕《かんぜん》に覚えた

⑧政府の〔　〕《こうかん》

⑨しっかりと自己《こ》〔　〕《かんり》ができる

⑩社会の動きに〔　〕《かんしん》を持つ

⑪〔　〕《せんにゅうかん》を持たずにものを見る

⑫七夕《たなばた》のたんざくに〔　〕《ねがい》を書く

⑬〔　〕《ぎふけん》は刃《は》物の生産地だ

⑭君たちが未来の〔　〕《きぼう》だ

⑮日本には〔　〕《しき》がある

⑯世界の国の〔　〕《こっき》

⑰課題を〔　〕《きよう》にこなす

⑱〔　〕《ぎかい》制民主主義

⑲三角形の面積の〔　〕《もとめ》かた

⑳一銭《せん》を笑う者は一銭に〔　〕《なく》

## 5　小4で習った漢字 その③
## 解いてみよう（読み）

↓解答は次ページを参照

［　月　日／　点（1問5点・100点満点）］

●次の——線を引いた漢字の読み方を書いてください。

①給食の時間が待ち遠しい　［　　］
②挙手して賛成する　［　　］
③今年はカツオが豊漁だ　［　　］
④喜びも悲しみも共有する　［　　］
⑤協力してやりとげる　［　　］
⑥目は心の鏡　［　　］
⑦競争ばかりが人生ではない　［　　］
⑧北極星は動かない　［　　］
⑨熊本県はスイカの産地だ　［　　］
⑩音読みと訓読み　［　　］

⑪軍事力と経済《ざい》力　［　　］
⑫市部と郡部　［　　］
⑬群馬県はこんにゃくの生産地　［　　］
⑭目的地までの径路　［　　］
⑮港町の美しい夜景　［　　］
⑯芸は身を助ける　［　　］
⑰月は満ちれば欠ける　［　　］
⑱幸福な結末のドラマ　［　　］
⑲大きな建造物　［　　］
⑳保健室でけがの手当てをする　［　　］

# 6 小4で習った漢字 その③　解いてみよう（書き）

↓解答は前ページを参照

〔　月　日／　点（1問5点・100点満点）〕

● 読みがなに合う漢字（と送りがな）を書いてください。

① 〔　〕《きゅうしょく》の時間が待ち遠しい

② 〔　〕《きょしゅ》して賛成する

③ 今年はカツオが〔　〕《ほうりょう》だ

④ 喜びも悲しみも〔　〕《きょうゆう》する

⑤ 〔　〕《きょうりょく》してやりとげる

⑥ 目は心の〔　〕《かがみ》

⑦ 〔　〕《きょうそう》ばかりが人生ではない

⑧ 〔　〕《ほっきょくせい》は動かない

⑨ 〔　〕《くまもとけん》はスイカの産地だ

⑩ 音読みと〔　〕《くん》読み

⑪ 〔　〕《ぐんじりょく》と経済《ざい》力

⑫ 市部と〔　〕《ぐんぶ》

⑬ 〔　〕《ぐんまけん》はこんにゃくの生産地

⑭ 目的地までの〔　〕《けいろ》

⑮ 港町の美しい〔　〕《やけい》

⑯ 〔　〕《げい》は身を助ける

⑰ 月は満ちれば〔　〕《かける》

⑱ 幸福な〔　〕《けつまつ》のドラマ

⑲ 大きな〔　〕《けんぞうぶつ》

⑳ 〔　〕《ほけんしつ》でけがの手当てをする

# 7 小４で習った漢字 その④　解いてみよう（読み）

↓解答は次ページを参照　〔　　月　　日／　　点（1問5点・100点満点）〕

● 次の――線を引いた漢字の読み方を書いてください。

①仮説を実験で確かめる　〔　　　〕
②固い信念を持つ　〔　　　〕
③失敗は成功のもと　〔　　　〕
④好きこそものの上手《じょうず》なれ　〔　　　〕
⑤香川県はうどんが有名だ　〔　　　〕
⑥山の天候は変わりやすい　〔　　　〕
⑦運動は健康への近道　〔　　　〕
⑧佐賀県は養殖《しょく》のりの産地だ　〔　　　〕
⑨交差点では事故に注意　〔　　　〕
⑩菜の花や月は東に日は西に　〔　　　〕

⑪やあ、最近調子はどうだい　〔　　　〕
⑫埼玉県はひな人形の生産地だ　〔　　　〕
⑬家計にやさしい価格の教材　〔　　　〕
⑭長崎県には出島があった　〔　　　〕
⑮昨日ここに来ました　〔　　　〕
⑯千円札で支払《はら》った　〔　　　〕
⑰印刷された写真　〔　　　〕
⑱事前に危《き》険を察知した　〔　　　〕
⑲衆《しゅう》議院と参議院　〔　　　〕
⑳出産のお祝いを渡《わた》す　〔　　　〕

## 8 小4で習った漢字 その④

## 解いてみよう（書き）

⬇解答は前ページを参照

〔　　月　　日／　　点（1問5点・100点満点）〕

●読みがなに合う漢字（と送りがな）を書いてください。

① 仮説を〔じっけん〕で確かめる
② 〔かたい〕信念を持つ
③ 失敗は〔せいこう〕のもと
④ 〔すき〕こそものの上手《じょうず》なれ
⑤ 〔かがわけん〕はうどんが有名だ
⑥ 山の〔てんこう〕は変わりやすい
⑦ 運動は〔けんこう〕への近道
⑧ 〔さがけん〕は養殖《しょく》のりの産地だ
⑨ 〔こうさてん〕では事故に注意
⑩ 〔なのはな〕や月は東に日は西に
⑪ やあ、〔さいきん〕調子はどうだい
⑫ 〔さいたまけん〕はひな人形の生産地だ
⑬ 家計にやさしい価格の〔きょうざい〕
⑭ 〔ながさきけん〕には出島があった
⑮ 〔さくじつ（※きのう）〕ここに来ました
⑯ 〔せんえんさつ〕で支払《はら》った
⑰ 〔いんさつ〕された写真
⑱ 事前に危《き》険を〔さっち〕した
⑲ 衆《しゅう》議院と〔さんぎいん〕
⑳ 〔しゅっさん〕のお祝いを渡《わた》す

# 9 小4で習った漢字 その⑤

# 解いてみよう（読み）

↓解答は次ページを参照

［　月　日／　点（1問5点・100点満点）］

● 次の——線を引いた漢字の読み方を書いてください。

① 散る桜　残る桜も散る桜（　　）
② 心残りはあるが前に進もう（　　）
③ 答案用紙に氏名を書く（　　）
④ パーティーの司会を務める（　　）
⑤ 成功するまで試みる（　　）
⑥ 小学校に通う児童（　　）
⑦ 病気が治るまでは安静に（　　）
⑧ 滋賀県は琵琶《びわ》湖が有名だ（　　）
⑨ 漢和辞典で漢字を調べる（　　）
⑩ 鹿児島県はさつまいもの産地（　　）

⑪ 有名な小説「人間失格」（　　）
⑫ 返せない借金はしない（　　）
⑬ 楽は苦の種、苦は楽の種（　　）
⑭ 円周率は約3・14（　　）
⑮ 土日と祝日はお休みです（　　）
⑯ 筆順通りに漢字を書く（　　）
⑰ 最初の一歩を踏《ふ》み出す勇気（　　）
⑱ 海岸に沿《そ》った松林（　　）
⑲ 笑う門《かど》には福来たる（　　）
⑳ 合唱コンクール（　　）

# 10 小4で習った漢字 その⑤

## 解いてみよう（書き）

⬇解答は前ページを参照

〔　月　日／　点（1問5点・100点満点）〕

●読みがなに合う漢字（と送りがな）を書いてください。

① 〔ちる〕桜　残る桜も〔ちる〕桜

② 〔こころのこり〕はあるが前に進もう

③ 答案用紙に〔しめい〕を書く

④ パーティーの〔しかい〕を務める

⑤ 成功するまで〔こころみる〕

⑥ 小学校に通う〔じどう〕

⑦ 病気が〔なおる〕までは安静に

⑧ 〔しがけん〕は琵琶《びわ》湖が有名だ

⑨ 漢和〔じてん〕で漢字を調べる

⑩ 〔かごしまけん〕はさつまいもの産地

⑪ 有名な小説「人間〔しっかく〕」

⑫ 返せない〔しゃっきん〕はしない

⑬ 楽は苦の〔たね〕、苦は楽の〔たね〕

⑭ 〔えんしゅうりつ〕は約3・14

⑮ 土日と〔しゅくじつ〕はお休みです

⑯ 〔ひつじゅん〕通りに漢字を書く

⑰ 〔さいしょ〕の一歩を踏《ふ》み出す勇気

⑱ 海岸に沿《そ》った〔まつばやし〕

⑲ 〔わらう〕門《かど》には福来たる

⑳ 〔がっしょう〕コンクール

# 11 小4で習った漢字 その⑥

## 解いてみよう（読み）

↓解答は次ページを参照

［　月　日／　　点（1問5点・100点満点）］

● 次の――線を引いた漢字の読み方を書いてください。

① あったかご飯に目玉焼き　〔　　〕
② 秋の夕日がもみじを照らす　〔　　〕
③ 城下町・宿場町・門前町　〔　　〕
④ 犬は縄張り意識が強い　〔　　〕
⑤ 議員が大臣に任命された　〔　　〕
⑥ まず自分で自分を信じよう　〔　　〕
⑦ 井の中の蛙《かわず》大海を知らず　〔　　〕
⑧ 国語の成績が上がってきた　〔　　〕
⑨ 反省はするが後悔《こうかい》はしない　〔　　〕
⑩ アユは清流の女王と言われる　〔　　〕

⑪ 静岡県はお茶の産地だ　〔　　〕
⑫ 起立、礼、着席　〔　　〕
⑬ ちりも積もれば山となる　〔　　〕
⑭ 話の腰《こし》を折る　〔　　〕
⑮ 電気を節約しよう　〔　　〕
⑯ わかりやすい説明だ　〔　　〕
⑰ 底の浅い考え　〔　　〕
⑱ 負けられない一戦だ　〔　　〕
⑲ リレーの選手　〔　　〕
⑳ 天然ガスを輸入する　〔　　〕

# 12 小4で習った漢字 その⑥

## 解いてみよう（書き）

解答は前ページを参照

〔　月　日／　点（1問5点・100点満点）〕

● 読みがなに合う漢字（と送りがな）を書いてください。

① あったかご飯に目玉〔　　〕《やき》

② 秋の夕日がもみじを〔　　〕《てらす》

③ 〔　　〕《じょうかまち》・宿場町・門前町

④ 犬は〔　　〕《なわばり》意識が強い

⑤ 議員が〔　　〕《だいじん》に任命された

⑥ まず自分で自分を〔　　〕《しんじょう》

⑦ 〔　　〕《い》の中の蛙《かわず》大海を知らず

⑧ 国語の〔　　〕《せいせき》が上がってきた

⑨ 〔　　〕《はんせい》はするが後悔《こうかい》はしない

⑩ アユは〔　　〕《せいりゅう》の女王と言われる

⑪ 〔　　〕《しずおかけん》はお茶の産地だ

⑫ 起立、礼、〔　　〕《ちゃくせき》

⑬ ちりも〔　　〕《つもれば》山となる

⑭ 話の腰《こし》を〔　　〕《おる》

⑮ 電気を〔　　〕《せつやく》しよう

⑯ わかりやすい〔　　〕《せつめい》だ

⑰ 底の〔　　〕《あさい》考え

⑱ 負けられない〔　　〕《いっせん》だ

⑲ リレーの〔　　〕《せんしゅ》

⑳ 〔　　〕《てんねん》ガスを輸入する

# 13 小4で習った漢字 その⑦

## 解いてみよう（読み）

↓解答は次ページを参照　［　月　日／　点（1問5点・100点満点）］

●次の――線を引いた漢字の読み方を書いてください。

①小説「戦争と平和」

②商品を倉庫に保管する

③ツバメが巣作りを始めた

④卒業生に花束を渡《わた》す

⑤歩行者は右側通行

⑥続けることの大切さ

⑦来年に小学校を卒業する

⑧孫は目に入れても痛《いた》くない

⑨帯に短し、たすきに長し

⑩まずい、隊長がやられた

⑪小五の漢字の学習を達成した

⑫メートルは長さの単位だ

⑬テントを設置した

⑭仲良きことは美しきかな

⑮沖縄県はさとうきびの産地だ

⑯あの雲は大雨の前兆だ

⑰土地の高低を等高線で表す

⑱海底に住む生物

⑲人生の目的は人それぞれ

⑳日本の古典「竹取物語」

## 14 小4で習った漢字 その⑦

## 解いてみよう（書き）

↓解答は前ページを参照

［　　月　　日／　　点（1問5点・100点満点）］

● 読みがなに合う漢字（と送りがな）を書いてください。

① 小説「〔　　〕《せんそう》と平和」

② 商品を〔　　〕《そうこ》に保管する

③ ツバメが〔　　〕《す》作りを始めた

④ 卒業生に〔　　〕《はなたば》を渡《わた》す

⑤ 歩行者は〔　　〕《みぎがわ》通行

⑥ 〔　　〕《つづける》ことの大切さ

⑦ 来年に小学校を〔　　〕《そつぎょう》する

⑧ 〔　　〕《まご》は目に入れても痛《いた》くない

⑨ 〔　　〕《おび》に短し、たすきに長し

⑩ まずい、〔　　〕《たいちょう》がやられた

⑪ 小五の漢字の学習を〔　　〕《たっせい》した

⑫ メートルは長さの〔　　〕《たんい》だ

⑬ テントを〔　　〕《せっち》した

⑭ 〔　　〕《なか》良きことは美しきかな

⑮ 〔　　〕《おきなわけん》はさとうきびの産地だ

⑯ あの雲は大雨の〔　　〕《ぜんちょう》だ

⑰ 土地の〔　　〕《こうてい》を等高線で表す

⑱ 〔　　〕《かいてい》に住む生物

⑲ 人生の〔　　〕《もくてき》は人それぞれ

⑳ 日本の〔　　〕《こてん》「竹取物語」

# 15 小4で習った漢字 その⑧

## 解いてみよう（読み）

↓解答は次ページを参照

［　月　日／　点（1問5点・100点満点）］

● 次の——線を引いた漢字の読み方を書いてください。

① この気持ちを伝えたい
② 車で八分、徒歩なら一時間
③ 天才とは努力する凡《ぼん》才である
④ 灯台もと暗し
⑤ 労働は自分をも社会をも作る
⑥ 特に言うことはありません
⑦ 責任感は大切な美徳だ
⑧ 栃木県はいちごの産地だ
⑨ 奈良は平城京という都《みやこ》だった
⑩ 山梨県はぶどうの産地だ

⑪ 氷を加熱すると水になる
⑫ 残念無念、また来年
⑬ 敗れてもなお立ち上がる
⑭ 梅干《ぼ》し入りのおにぎり
⑮ 自由、平等、博愛
⑯ 大阪は西日本最大の都市だ
⑰ 夕飯のおかずを買う
⑱ 飛んで火に入《い》る夏の虫
⑲ 必要は発明の母
⑳ 選挙の開票が始まった

# 16 小4で習った漢字 その⑧ 解いてみよう（書き）

↓解答は前ページを参照

〔　月　日／　点（1問5点・100点満点）〕

●読みがなに合う漢字（と送りがな）を書いてください。

①この気持ちを〔つたえたい〕

②車で八分、〔とほ〕なら一時間

③天才とは〔どりょく〕する凡《ぼん》才である

④〔とうだい〕もと暗し

⑤〔ろうどう〕は自分をも社会をも作る

⑥〔とく〕に言うことはありません

⑦責任感は大切な〔びとく〕だ

⑧〔とちぎけん〕はいちごの産地だ

⑨〔なら〕は平城京という都《みやこ》だった

⑩〔やまなしけん〕はぶどうの産地だ

⑪氷を〔かねつ〕すると水になる

⑫〔ざんねんむねん〕、また来年

⑬〔やぶれて〕もなお立ち上がる

⑭〔うめ〕干《ぼ》し入りのおにぎり

⑮自由、平等、〔はくあい〕

⑯〔おおさか〕は西日本最大の都市だ

⑰〔ゆうはん〕のおかずを買う

⑱〔とんで〕火に入《い》る夏の虫

⑲〔ひつよう〕は発明の母

⑳選挙の〔かいひょう〕が始まった

# 17 小4で習った漢字 その⑨

## 解いてみよう（読み）

↓解答は次ページを参照

［　月　日／　点（1問5点・100点満点）］

● 次の――線を引いた漢字の読み方を書いてください。

① 富士山の標高は３７７６ｍ
② 不平を言っても雨はやまない
③ 漁夫の利を得る
④ 書類を送付した
⑤ 政府からのお知らせ
⑥ 富山県は医薬品の生産地だ
⑦ 副作用の小さい薬
⑧ 兵庫県は日本酒の生産地だ
⑨ 会うは別れの始めなり
⑩ 底辺かける高さ割《わ》る２

⑪ 世界は常に変化している
⑫ 便利な世の中になった
⑬ 包み隠《かく》さず全てを話します
⑭ 方法は一つだけではない
⑮ 望みを持つから努力できる
⑯ モンゴル高原の遊牧民
⑰ 君の行く末が楽しみだ
⑱ 愛情に満ちたまなざし
⑲ 未知の世界が待っている
⑳ 日本国民に国の主権《けん》がある

# 18 小4で習った漢字 その⑨　解いてみよう（書き）

↓解答は前ページを参照

〔　月　日／　点（1問5点・100点満点）〕

● 読みがなに合う漢字（と送りがな）を書いてください。

① 富士山の〔ひょうこう〕は3776m

② 〔ふへい〕を言っても雨はやまない

③ 〔ぎょふ〕の利を得る

④ 書類を〔そうふ〕した

⑤ 〔せいふ〕からのお知らせ

⑥ 〔とやまけん〕は医薬品の生産地だ

⑦ 〔ふくさよう〕の小さい薬

⑧ 〔ひょうごけん〕は日本酒の生産地だ

⑨ 会うは〔わかれ〕の始めなり

⑩ 〔ていへん〕かける高さ割《わ》る2

⑪ 世界は常に〔へんか〕している

⑫ 〔べんり〕な世の中になった

⑬ 〔つつみ〕隠《かく》さず全てを話します

⑭ 〔ほうほう〕は一つだけではない

⑮ 〔のぞみ〕を持つから努力できる

⑯ モンゴル高原の〔ゆうぼくみん〕

⑰ 君の行く〔すえ〕が楽しみだ

⑱ 愛情に〔みちた〕まなざし

⑲ 〔みち〕の世界が待っている

⑳ 日本〔こくみん〕に国の主権《けん》がある

# 19 小4で習った漢字 その⑩

## 解いてみよう（読み）

↓解答は次ページを参照

［　月　日／　点（1問5点・100点満点）］

● 次の——線を引いた漢字の読み方を書いてください。

①無名な頃《ころ》からファンだった（　　）
②再会を約して別れた（　　）
③行動は勇気と自信を生み出す（　　）
④要点をまとめて話す（　　）
⑤休養の取り方も工夫できる（　　）
⑥海水浴に行った思い出（　　）
⑦社会全体の利益を考える（　　）
⑧水から陸に上がった両生類（　　）
⑨良薬は口に苦し（　　）
⑩イタリア料理は人気がある（　　）

⑪「質より量」の作戦で行く（　　）
⑫輪になってダンスをした（　　）
⑬類は友を呼《よ》ぶ（　　）
⑭リーダーの号令で前進する（　　）
⑮冷静な頭と熱いハート（　　）
⑯例えば君ならどうする（　　）
⑰旅は道連れ世は情け（　　）
⑱老いては子に従《したが》え（　　）
⑲苦労も過ぎればいい思い出さ（　　）
⑳この一冊《さつ》が君の努力の記録だ（　　）

## 20 小4で習った漢字 その⑩

# 解いてみよう（書き）

↓解答は前ページを参照　〔　月　日／　点（1問5点・100点満点）〕

●読みがなに合う漢字（と送りがな）を書いてください。

① 〔むめい〕な頃《ころ》からファンだった

② 再会を〔やく〕して別れた

③ 行動は〔ゆうき〕と自信を生み出す

④ 〔ようてん〕をまとめて話す

⑤ 〔きゅうよう〕の取り方も工夫できる

⑥ 〔かいすいよく〕に行った思い出

⑦ 社会全体の〔りえき〕を考える

⑧ 水から〔りく〕に上がった両生類

⑨ 〔りょうやく〕は口に苦し

⑩ イタリア〔りょうり〕は人気がある

⑪ 「質より〔りょう〕」の作戦で行く

⑫ 〔わ〕になってダンスをした

⑬ 〔るい〕は友を呼《よ》ぶ

⑭ リーダーの〔ごうれい〕で前進する

⑮ 〔れいせい〕な頭と熱いハート

⑯ 〔たとえば〕君ならどうする

⑰ 旅は〔みちづれ〕世は情け

⑱ 〔おいて〕は子に従《したが》え

⑲ 〔くろう〕も過ぎればいい思い出さ

⑳ この一冊《さつ》が君の努力の〔きろく〕だ

# 音訓索引《さくいん》

## き



## く



## け

## す



## せ



## そ

# 画数索引《さくいん》

ワンコイン問題集シリーズ
# 小5漢字問題集
令和五年二月一日　初版刊行

著　者　菅原秀宣
発行者　原　精一
　　　　東京都江東区亀戸八-二五-一二
発行所　株式会社　日栄社
　　　　〒一三六-〇〇七一　東京都江東区亀戸八-二五-一二
　　　　電話　〇三-六八〇七-〇八〇一（代）
　　　　ホームページ　https://www.nichieisha.com/

印刷所　三省堂印刷株式会社
カバーイラスト　二平瑞樹
ブックデザイン　木村祐一（ゼロメガ）
DTP　ゼロメガ

ISBN978-4-8168-5513-9　Printed in Japan
本シリーズの電子書籍版「ツーコイン電子参考書・問題集シリーズ」の制作にあたっては令和二年度事業再構築補助金の交付を受けました。